Beck'sche Reihe
Länder
BsR 854

Hört man die Namen Tonga, Samoa und Fiji, stellen sich meist die üblichen Klischees ein: ein sorgloses Leben in unberührter Natur, eine saubere Umwelt, malerische Palmen, immerwährender Sonnenschein, wunderschöne Sandstrände, ein blauer Ozean und immer lächelnde Menschen. Der Reisende kann sich diesen Stereotypen kaum entziehen, meidet er doch gern die regen- und hurrikangefährdete Zeit, trifft auf freundliche Menschen und bekommt so meist tatsächlich die schönsten Seiten der Inseln zu Gesicht.

Dieses Buch stellt die Schönheit der Inseln nicht in Frage, will aber einen tieferen Einblick in die Situation der Pazifiker und ihre Probleme geben. Sie ergeben sich aus dem Nebeneinander von Tradition und Moderne, in Stichworten: „traditionelles" Leben auf dem Lande, Landflucht und Verstädterung; das Gespaltensein zwischen dem herkömmlichen Wertesystem und dem der Moderne; Armut, Arbeitsmigration, alte und neue Ansprüche; soziale und religiöse Spannungen, Nationalitäten- und innerethnische Konflikte.

Sabine Bruno und *Anette Schade* sind Ethnologinnen mit Arbeitsschwerpunkt Pazifik.

SABINE BRUNO
ANETTE SCHADE

Fiji, Samoa, Tonga

VERLAG C. H. BECK MÜNCHEN

Mit 7 Abbildungen im Text und 4 Karten

Zum Titelfoto: Die Feuerläufer von Beqa, einer kleinen Insel bei Suva, Fiji. Nur die Angehörigen einer Verwandtschaftsgruppe haben nach einem überlieferten Mythos die Fähigkeit erhalten, über glühende Steine zu laufen. Das „Firewalking“ ist eine Touristenattraktion im Kulturzentrum Pacific Harbour nahe Suva und in einigen Hotels.

Die Deutsche Bibliothek – CIP-Einheitsaufnahme

Bruno, Sabine:
Fiji, Samoa, Tonga / Sabine Bruno ; Anette Schade. –
Orig.-Ausg. – München : Beck, 1993
(Beck'sche Reihe ; 854 : Länder)
ISBN 3 406 35175 1

NE: Schade, Anette; GT

Originalausgabe
ISBN 3 406 35175 1

Einbandentwurf: Uwe Göbel, München
Umschlagbild: Internationales Bildarchiv Horst v. Irmer, München

Gesamtherstellung: Appl, Wemding
Printed in Germany

Inhalt

Anhang

Einleitung

Hört man die Namen Tonga, Samoa und Fiji, stellen sich meist die üblichen Klischees ein: ein sorgloses Leben in unberührter Natur, eine saubere Umwelt, malerische Palmen, immerwährender Sonnenschein, wunderschöne Sandstrände, ein blauer Ozean und immer lächelnde Menschen. Der Reisende kann sich diesen Stereotypen kaum entziehen, meidet er doch gern die regen- und hurrikangefährdete Zeit, trifft auf freundliche Menschen und bekommt so meist tatsächlich die schönsten Seiten der Inseln zu Gesicht.

Dieses Buch stellt die Schönheit der Inseln nicht in Frage, will aber einen tieferen Einblick in die Situation der Pazifiker und ihre Probleme geben. Sie ergeben sich aus dem Nebeneinander von Tradition und Moderne, in Stichworten: „traditionelles" Leben auf dem Lande, Landflucht und Verstädterung; das Gespaltensein zwischen dem herkömmlichen Wertesystem und dem der Moderne; Armut, Arbeitsmigration, alte und neue Ansprüche; soziale und religiöse Spannungen, Nationalitäten- und innerethnische Konflikte.

Geographisch im Südpazifik, im Zentrum des Pazifischen Ozeans gelegen, sind die vier Inselstaaten unmittelbare Nachbarn und gehören bis auf einige Gebiete Fijis zu Polynesien.

Die Mentalität der Menschen und ihre Lebensweise sind zwar ähnlich, aber jede Inselgruppe hat ihre eigene Sprache mit Dialekten, eigene Traditionen und Zeremonien, in denen man jedoch immer wieder Gemeinsamkeiten entdecken kann. In früherer Zeit mit ihren seetüchtigen Booten mobil, handelten die Insulaner untereinander, tauschten Handwerker oder Krieger aus, kämpften aber auch gegeneinander um Gebiets- und Machtansprüche. Heute stehen die Bestrebungen nach einer gerechteren Machtausübung im Mittelpunkt der Politik. Die traditionellen politischen Eliten werden in Frage gestellt, Forderungen nach mehr demokratischer Mitbestimmung werden laut, nicht nur im Königreich Tonga und im multi-ethnischen Staat Fiji, sondern auch im Matai-System in West- und Amerikanisch Samoa.

Wirtschaftlich ergeben sich in allen vier Ländern ähnliche Probleme, jedoch in unterschiedlicher Gewichtung, je nach Größe des Landes und seiner nationalen Ausprägung. Fiji, der weitaus größte der vier Staaten, hat die besten Chancen zu einer ausgewogenen Wirtschaft.

Fiji hat daneben die Vorteile, Zwischenlandeplatz der transpazifischen Routen, ein Zentrum des Handels und des Tourismus im Südpazifik zu sein. Samoa und Tonga sind zwar auch mit internationalen Fluglinien erreichbar, am günstigsten jedoch mit einem Rundflugticket von Fiji aus.

Eine Zeit des Wandels wird in allen Bereichen des pazifischen Lebens deutlich, z. B. in der Überlagerung der traditionellen Wertsysteme mit einem Prestigedenken, das auf westlichen Werten wie Geld basiert. Die Folge ist ein Hin- und Hergerissensein zwischen zwei Welten, dem vor allem die Jugend ausgesetzt ist und mit dem sie meist nur schlecht zurecht kommt.

Man könnte leicht ein ganzes Buch über jede der Inselgruppen füllen. Doch erschien uns ein gemeinsames Buch über die vier Nachbarstaaten sinnvoll, da Pazifikinteressierte meist nicht nur ein Land im Pazifik, sondern gleich mehrere Inselgruppen besuchen. Unsere Wahl fiel auf Tonga, Fiji, West- und Amerikanisch Samoa. Als Ethnologinnen beschäftigen wir uns seit längerer Zeit mit diesem Gebiet.

I. Natur und Umwelt

1. Naturräumliche Gegebenheiten

Der pazifische Ozean bedeckt etwa ein Drittel der Erdoberfläche. In seinem tropischen Gürtel, nördlich und südlich des Äquators, steigen aus der endlosen Weite des Ozeans eine Unzahl von Riffen, Felsen und Inseln auf. Die Zahlen schwanken zwischen 2000 und 10000. Die erste könnte der Zahl der bewohnten Inseln und Atolle nahe kommen.

Die Inseln des Fiji-Archipels, Tongas und Samoas liegen südlich des Äquators. Die meisten von ihnen gehören zum Typ der hohen Vulkaninseln, die sich mehr als 1000 Meter über den Meeresspiegel erheben können. Die Hauptinsel Tongas, Tongatapu, und einige Inselgruppen Fijis sind gehobene Koralleninseln, während die in anderen Teilen des Pazifischen Ozeans so häufigen Atolle in diesen drei Inselgruppen nur selten vorkommen. Alle Inseln sind von einem Korallenriff umgeben, das sie gegen die Wucht der Ozeanbrandung schützt.

Korallen sind winzige Hohltierchen, die sich knapp unter der Wasseroberfläche auf unterseeischen Bergrücken und um Inseln vulkanischen Ursprungs ansiedeln. Sie scheiden kohlensauren Kalk aus und lagern ihn ab, so daß mit der Zeit breite Riffgürtel oder Korallenbänke entstehen. Begonnen hat dieser Prozeß vor etwa 180–135 Mio. Jahren. Bewegungen der tektonischen Platten und Veränderungen des Meeresspiegels ließen Inseln entstehen und wieder im Meer versinken. Korallen überlebten überall dort, wo diese Veränderungen langsam und gleichmäßig verliefen und ihnen Zeit ließen, ihr Werk knapp unter der Wasseroberfläche fortzusetzen. So entstanden dort, wo die vulkanischen Inseln oberhalb des Meeresspiegels blieben, die breiten Riffsäume. Dort, wo die Vulkane versanken, umschließen deren ehemalige Riffe eine Lagune und bilden ein Atoll, deren winzige Inseln meist kaum mehr als 2–3 m über den Meeresspiegel aufragen. Koralleninseln wie Tongatapu entstanden durch Hebung des Meeresbodens, wobei das Riff über den Meeresspiegel aufstieg.

Atolle und Koralleninseln sind ein schwieriger Lebensraum für Pflanzen und Tiere. Die Inseloberfläche besteht aus verwittertem Korallensand und einer dünnen Humusschicht. Sie entsteht aus der Anschwemmung von Pflanzensamen, die aufgehen und wieder absterben. Anders als auf den von Flüssen durchzogenen hohen Vulkaninseln, muß hier das Regenwasser in Zisternen gesammelt werden. Die landwirtschaftlichen Möglichkeiten auf diesen Inseln sind daher begrenzt. Auf den Vulkaninseln gibt es oft entlang der Küsten einen flachen Saum fruchtbaren Landes, der durch die Korallenriffe vor dem Meer geschützt wird. Weder Vulkan- noch Koralleninseln und Atolle verfügen über Bodenschätze. Eine Ausnahme ist Fiji, dessen Hauptinseln wie Australien und die melanesischen Inseln auf dem südostasiatischen Kontinentalschelf aufsitzen. Fiji besitzt ein Fundament aus alten, gefalteten Sedimenten, in dem z. B. Gold vorkommt und Öl vermutet wird.

Das Meer und der Boden

Die riffbildenden Korallen können nur bei etwa 20 °C leben und brauchen reines, lichtdurchflutetes Wasser. Der Ring von Ruhig-Wasser, den sie um die hohen vulkanischen Inseln ziehen, hat die ökologischen Möglichkeiten der Inseln erweitert. In den Korallenriffen um die Inseln und in den Lagunen lebt eine reiche und bunte Vielfalt von Fischen und Schalentieren. Außerhalb der Riffe fangen Fischer Schnapper, Thunfische, Haie und gelegentlich Wasserschildkröten. Einige Tiere der Lagunenfauna sind jedoch giftig. So der Biß der gelb-schwarz gestreiften Seeschlange, die nachts in den Riffen jagt. Selbst Schnecken, z. B. die Kegelschnecke, können giftig sein. Zur Zeit der Stürme bilden Fische, die ansonsten völlig ungefährlich und wohlschmeckend sind, ein toxisches Gewebe, so daß ihr Verzehr zu schmerzhaften Vergiftungserscheinungen führen kann. Selbst Einheimische können nicht immer feststellen, ob der Fisch vergiftet ist oder nicht.

Der Artenvielfalt im Meer steht auf dem Lande eine recht artenarme Flora und Fauna gegenüber. Die geringe Artenvielfalt ist ein Zeichen dafür, daß Pflanzen und Tiere von den benachbarten Kontinenten auf die Inseln gelangten. So gibt es nur etwa 68 verschiedene Vogelarten auf Fiji, 33 auf Samoa und noch weniger auf Tonga. Auf allen drei Inselgruppen sind einige Fledermausspezies heimisch. Auf Vanua Levu (Fiji) leben der seltene Kamm- und der gestreifte Leguan, sowie eine giftige und eine ungiftige Schlangenart. Auf Samoa findet man drei ungefährliche Schlangenarten. Daneben gibt es Mücken, Käfer, Hundert- und Tausendfüßler und Schmetterlinge. Die meisten anderen Tiere kamen erst mit den Menschen auf die Inseln. Hunde, Schweine, Hühner und Ratten brachten die austronesischen Einwanderer mit, und seit der Ankunft der europäischen Siedler werden Pferde, Kühe, Ziegen, Enten und anderes Federvieh auf den Inseln gezüchtet. In Fiji hat sich der aus Indien stammende Mungo ausgebreitet und ist zu einer Plage für die Kleintierzüchter geworden.

Die Bergkämme der vulkanischen Inseln sind dicht bedeckt mit tropischem Regenwald, der zwar üppig aber ebenfalls artenarm ist. Ficus, Orchideen, Farnbäume, wilder Pandanus, Eukalyptus und Myrtengewächse herrschen vor. Nutzpflanzen wie Pandanus, Papaya, Maulbeer-, Mango- und Brotfruchtbäume, Bananenstauden und Kokospalmen, der Pfefferstrauch, aus dem das Getränk Kava gewonnen wird, die Knollenfrüchte Taro, Yams und der Maniok sind die Lebensgrundlagen der Inselbewohner. Die Landwirtschaft auf den hohen und teilweise wild zerklüfteten Vulkaninseln ist durch die vielen Steillagen stark eingeschränkt. Sie können wegen der Erosionsgefahr nur extensiv landwirtschaftlich genutzt werden. In Fiji machen sie über 70 %, in Samoa über 80 % der gesamten Landfläche aus. Auf den Koralleninseln müssen zum Anbau von Knollenfrüchten Bodenvertiefungen ausgehoben und künstliche Bewässerungsanlagen errichtet werden. Auf der dünnen Humusschicht lassen sich nur geringe Erträge erwirtschaften, und nur wenige Pflanzen sind für den Anbau geeignet.

Geographie und Klima

Die Samoa-Inseln liegen zwischen 13° und 15° südlicher Breite und 168° und 173° westlicher Länge. Von den insgesamt 17 Inseln sind neun bewohnt. Die beiden größten Inseln Upolu und Savai'i, Apolima, Manono und einige unbewohnte Inseln gehören zu West-Samoa mit einer Landfläche von 2934 km^2; Tutuila, Aunu'u, Manu'a mit den Inseln Ta'u, Ofu und Olosega sowie das Rose-Atoll und die Swains-Insel gehören zu Am. Samoa mit einer Landfläche von 197 km^2. Savai'i und Upolu machen 99% der Landfläche West-Samoas, Tutuila 75% der Fläche Am. Samoas aus. Mit Ausnahme des Rose-Atolls sind die Inseln vulkanischen Ursprungs und ihr Inneres ist gebirgig. Die höchste Erhebung ist der Mt. Silisili (1858 m). Der Vulkan Matavanu auf Savai'i ist Anfang des 20. Jahrhunderts zum letzten Mal ausgebrochen und bedeckte den Nordosten der Insel mit Lava.

Die jährlichen Niederschläge sind mit 5000–7000 mm auf der Südostseite der Inseln höher als auf der Leeseite, wo sie zwischen 2500–3000 mm betragen. Die Temperaturen schwanken zwischen 23° und 28°C. Eine trockenere Jahreszeit ist der Mai und der August. Ähnlich feucht-heiß ist Am. Samoa mit durchschnittlich 5000 mm Niederschlag pro Jahr. Die Samoa-Inseln liegen dem Äquator am nächsten und haben, verglichen mit Fiji und Tonga, das heißeste und feuchteste Klima.

Fiji liegt zwischen 15° und 22° südlicher Breite und 177° westlicher und 175° östlicher Länge. Der 180. Längengrad durchläuft den Osten der Inselgruppe und Fiji liegt an der Datumsgrenze. Sie macht hier einen leichten Bogen nach Osten, so daß in Fiji und Tonga der Montag beginnt, während bei ihrem östlichen Nachbarn Samoa gerade der Sonntag angefangen hat.

Die etwa 320 Inseln Fijis, von denen rund 100 bewohnt sind, sind fast alle vulkanischen Ursprungs und haben eine Fläche von 18376 km^2. Die beiden Hauptinseln Vanua Levu und Viti Levu machen 87% der gesamten Landfläche aus. Der höchste Berg, der Mt. Victoria (1324 m), liegt auf Viti Levu. Sehr ausgeprägt zeigt sich auf den beiden großen Inseln eine trockenere westliche und eine regenreiche südöstliche Seite. Das Innere der Inseln und die südöstlichen Seiten sind, wie in Samoa, mit dichtem tropischem Bergwald bedeckt, der heute vielfach holzwirtschaftlich genutzt wird. Der trockene Westen mit jährlich nur etwa 1640 mm Niederschlag ist für den Anbau von Zuckerrohr geeignet. Hier herrscht die Savannenvegetation vor, mit Kasuarinen- und Akazienbeständen. Von den äußeren Inselgruppen (Lomaiviti, Yasawa, Kadavu, Taveuni, Rotuma) sind nur einige Inseln (Lau) Atolle. Die mittlere Jahrestemperatur beträgt für ganz Fiji etwa 27 °C. Die trockene Jahreszeit von Mai bis Oktober läßt die Temperaturen nachts auf unter 20 °C fallen.

Tonga liegt zwischen 15° und 23.5° südlicher Breite und 173° und 177° westlicher Länge und ist die kühlste und trockenste der drei Inselgruppen. Die 169 Inseln, von denen 36 bewohnt sind, teilen sich in die drei Gruppen Vava'u, Tongatapu und Ha'apai, mit einer Landfläche von 697 km^2. Vava'u und Ha'apai sind vulkanischen Ursprungs. Die Hauptinsel Tongatapu, die etwa ein Drittel der Landfläche des Inselreichs ausmacht, ist eine gehobene Koralleninsel, flach und ohne Süßwasservorkommen. Die höchste Erhebung Tongas ist der erloschene Vulkan Kao (Ha'apai-Gruppe) mit 1030 m Höhe.

Wegen des ständigen Passatwindes ist das Klima angenehm kühl. Die Temperaturen betragen durchschnittlich 23 °C und können in den Monaten Mai bis Oktober auf nachts 15 °C zurückgehen. Auch in den regenreichen, heißen Monaten Dezember bis April fallen nur bis zu 2500 mm Niederschlag, wenig im Vergleich zu Fiji und Samoa.

Wirbelstürme

Eine große Gefahr für die Inselstaaten sind die tropischen Wirbelstürme, die besonders Samoa und Tonga immer wieder heimsuchen. Alle drei Inselgruppen liegen im Hurrikan-Gürtel, der sich von den Tuamotus (Tahiti) bis nach Australien hinzieht. Die Hurrikan-Saison beginnt um Weihnachten und dauert bis März. In den letzten Jahren sind die Wirbelstürme mit beängstigender Regelmäßigkeit über die drei Inselstaaten hinweggefegt. Sie vernichten ganze Ernten, reißen Bäume aus, zerstören Häuser, Wege und Hafenanlagen. Es dauert oft Jahre, bis sich die Inseln von den Schäden eines solchen Sturms einigermaßen erholt haben.

2. Bedrohte Inselwelt

Der Pazifik ist schon längst nicht mehr das Naturparadies, in dem es sich unbeschwert leben läßt. Zwar sind die Inseln noch immer wunderschön anzusehen, mit dem blauen Ozean, der üppigen tropischen Vegetation und dem meist strahlenden sonnigen Wetter, aber sie sind auch zunehmend mit der Zerstörung der Umwelt und den Auswirkungen des modernen Lebens konfrontiert.

Der Treibhauseffekt bedroht die Inseln des Pazifiks unmittelbar: die weltweit höheren Temperaturen haben die Erwärmung des Wassers und ein Ansteigen des Meeresspiegels zur Folge. Geschätzt wird, daß er bis zum Ende des nächsten Jahrhunderts um 1,4 bis 2,2 Meter ansteigen wird. Im Pazifik werden davon die zahlreichen flachen Koralleninseln betroffen sein, die vor allem in Mikronesien bewohnt sind. Diese Inseln haben keine Süßwasserflüsse und sind daher auf Regenwasser angewiesen. Es besteht die Gefahr, daß die Süßwasserlinsen, die sich durch das Absickern des Regenwassers im Korallensockel bilden, mit Salzwasser vollaufen und so ein Leben auf den Inseln wegen Trinkwassermangel unmöglich wird. Ein weiteres Problem, das alle Inselstaaten betrifft, wäre die teilweise Überflutung der Inseln, die zu einem Verlust des ohnehin knappen Landes und zur Versalzung der Böden und Süßwasserflüsse führt.

Die Zerstörung der Korallenriffe

Der Pazifische Ozean ist berühmt für seine Korallenriffe und die unglaubliche Artenvielfalt von Tieren und Pflanzen, die in den Riffen zu finden sind. Korallenriffe ernähren ein Drittel aller Fischarten der Erde; allein 150 Fischarten wurden auf

100 Quadratmetern im australischen Barrierriff gezählt. Die unzähligen Pflanzen und Tiere machen die Üppigkeit des Lebensraumes deutlich. Ein Korallenriff ist ein äußerst komplexes und sensibles Ökosystem, das auf vielfältige Weise aus dem Gleichgewicht gebracht werden kann, z. B. durch den Abraum, der bei der Ausbeutung von Bodenschätzen entsteht und vielfach über die Flüsse ins Meer gelangt. Besonders kraß geschieht dies in Papua Neuguinea beim Gold- und Kupferabbau, betrifft jedoch auch Fiji mit seiner Goldförderung. Bei der Erschließung von großen Landflächen, z. B. für Hotelanlagen, wird Erde ins Meer abgeschwemmt. Die Folge davon ist die Verschlammung der Riffe, die im schlimmsten Fall zum völligen Absterben führen kann, da kein Tageslicht mehr durchdringt, die Symbiose von Algen und Polypen zerstört und das Wachstum von Schmarotzern (grünen Algen und vermehrtes Schwammwachstum) gefördert wird, so daß das Riff regelrecht erstickt. Bodenerosion durch Landgewinnung und Waldabholzung hat einen ähnlichen Effekt, da vermehrt Erde in die Flüsse gelangt. Die Abwässer der Städte, Dörfer und Hotelanlagen, die ungeklärt ins Meer geleitet werden, entziehen dem Riff den Sauerstoff, und das Ablassen von Altöl ins Meer, die Verklappung und Verbrennung giftiger Stoffe auf See, die Atombombenversuche der Franzosen in Tahiti und die Versenkung von giftigem Industriemüll tragen ebenfalls zur Zerstörung des Meeresgleichgewichts bei. Drei Viertel der pazifischen Inselstaaten klagen bereits über Riffverschmutzungen oder tote Riffe; und fast die Hälfte hat Probleme mit der illegalen Dynamitfischerei einheimischer Fischer. Man wirft dabei Dynamitstangen ins Wasser, deren Explosion nicht nur Hunderte von Fischen tötet, von denen nur ein Teil verwendet wird, sondern auch Löcher in die Korallenbänke reißt und Millionen von Korallen abtötet. Ebenso problematisch ist die Betäubung der schillernd-bunten Korallenfische mit Nervengiften, um sie lebend für Aquarienliebhaber zu exportieren oder ausgestopft im Andenkenhandel anzubieten. Riffe werden aber auch beschädigt, wenn man auf ihnen herumläuft oder Stücke abbricht. Das scheinbar harmlose Sammeln von Korallensouvenirs führt be-

sonders an den beliebten Tauchstellen der Touristen zu Schäden, die nicht wiedergutzumachen sind.

Der Artenbestand des Meeres wird durch Überfischung für den Export oder den lokalen Markt, vor allem auch für die Hotels, reduziert. Schildkröten, Venusmuscheln, Austern und Hummer sind in manchen Gebieten nur noch schwer aufzufinden.

Die Treibnetzfischerei

Weltweite Proteste rief die hochtechnisierte Treibnetzfischerei hervor, die seit den 70er Jahren weltweit praktiziert wird. Im Pazifik sind es vor allem Schiffe aus Taiwan, Südkorea und Japan, die ihre riesigen Netze mit einer Länge bis zu 60 km und einer Tiefe von 8 bis 15 Metern auswerfen. In den unsichtbaren feinmaschigen Netzen verfangen sich nicht nur die begehrten Lachse oder Thunfische, sondern auch tausende Seevögel, Wale, Delphine, Schildkröten und andere Tiere, die wieder ins Meer zurückgeworfen werden und aufgrund ihrer Verletzungen elend verenden. Geschätzt wird, daß nur etwa 30 % der ins Netz gegangenen Tiere verwertet werden. 1989 sollen in den letzten 7 Monaten nach einem Bericht der US National Oceanic and Atmosphere Administration 114 250 Delphine, 1 146 625 Seevögel und 7 250 000 Blauhaie aufgrund der Treibnetzfischerei allein im Nordpazifik getötet worden sein. Die Thunfischausbeute lag bei 13 288 500 Stück (Geo Special „Südsee“, Dezember 1990). Die Südpazifikstaaten sorgen sich auch um die wirtschaftlichen Folgen dieser Fischerei, da durch das wahllose Abfischen der Thunfischnachwuchs in Gefahr gerät und somit auch die gesamte Thunfischindustrie.

1989 einigten sich die Mitglieder des South Pacific Forum, diese Art des Raubbaus zu verbieten, und 20 Staaten haben die Treibnetzfischerei in ihren Hoheitsgewässern verboten. Auch die Vollversammlung der Vereinten Nationen verabschiedete eine Resolution für ein weltweites Verbot der Treibnetzfischerei ab Ende 1992. Obwohl Taiwan, Südkorea und Japan Absichtserklärungen abgaben, sich der Resolution schon früher zu beugen, werden nach wie vor Schiffe aus diesen Ländern aufgebracht, die mit Treibnetzen ihr Unwesen treiben.

Der Müll als nationales Problem und Devisenbringer

90 % der pazifischen Staaten haben Probleme mit ihrem anfallenden Müll und einer angemessenen Abwasserentsorgung. Die Importe aus Übersee steigen stetig und damit auch die Berge von Verpackungsmaterial. Die Müllkippe von Fijis Hauptstadt Suva beispielsweise liegt nur 5 km vom Zentrum entfernt in der Nähe des Vororts Lami, direkt am Meer und nicht weit vom städtischen Jachthafen. Man kann sie nicht verfehlen, denn sie kündigt sich unweigerlich durch einen stechenden Verwesungsgeruch an. Eine Studie, die 1989 vom Institut für Naturressourcen der University of the South Pacific durchgeführt wurde, belegt die Umweltschäden für den Boden, das Meer und die Flüsse, die die Müllkippe verursacht. Der Boden ist mit hohen Arsen-, Kadmium-, Quecksilber-, Blei- und Zinkkonzentrationen verseucht. In Schellfischproben aus dem Hafen von Suva wurden Kolibakterien und hohe Werte an Blei, Quecksilber und Zink festgestellt, die bei weitem die empfohlenen Höchstwerte für einen unbedenklichen Verzehr überschritten. Und auch bei den Wasserproben aus den Mündungen der bei der Müllkippe gelegenen Flüsse Tamavua und Navesi gab es ähnlich bedenkliche Untersuchungsergebnisse. Die Müllkippe ist voll, undicht und vergiftet die Atemluft. Sie ist ein typisches Beispiel für die Probleme der Müllentsorgung in vielen Südpazifikstaaten. Eine Sondermüllentsorgung gibt es in den wenigsten Fällen, und Müllverbrennungsanlagen sind sehr teuer; so wird das Problem so lange vernachlässigt, bis es fast schon zu spät zum Handeln ist. In Fiji wird eine Verbrennungsanlage gebaut, und man macht sich auch Gedanken über eine vielseitigere Müllentsorgung: fast 34 % des Mülls sind organisch und könnten kompostiert werden. Über 52 % bestehen aus recyclebaren Waren wie Papier, Metallen und Glas. Ob sich die Politiker jedoch für aufwendige Sortierauflagen entscheiden können, bleibt fraglich.

Müllentsorgungsprobleme haben jedoch vor allem die Industrieländer, die ihren Giftmüll nicht mehr im eigenen Land lagern können. Zwischen 1986 und 1988 sollen Dritte-Welt-Länder allein 3,1 Millionen Tonnen Müll von industrialisierten Ländern zur Lagerung übernommen haben. Fast allen Südpazifikstaaten sind bereits Angebote zur Müllaufnahme bzw. Müllversenkung im Meer gemacht worden, vorwiegend von amerikanischen Firmen. Bisher haben jedoch die meisten Inselstaaten den Verlockungen widerstanden, obwohl man ihnen Geld für den Bau von Müllverbrennungsanlagen und einen Spitzenverkaufspreis zwischen 200 und 2000 US $ pro Tonne Giftmüll angeboten hat.

Die Luftverschmutzung hält sich in den pazifischen Staaten in Grenzen. In Tonga und Samoa ist dies noch kein Problem, da hier selbst die Hauptstädte noch einen dörflichen Charakter haben und nur wenig Industrie ansässig ist. In Fiji mit seinen Städten, Fabriken (Zuckerraffinerien) und einem enormen Ausstoß von Auspuffgasen von Bussen und LKWs ist dies schon anders.

Der sorglose Umgang mit Chemikalien

Auf dem Land gibt es andere Probleme: da die Inseln klein sind und die Bevölkerungen ständig wachsen, wird die Ressource Land knapper. Die traditionellen langen Brachezeiten zur Regenerierung der Böden werden nicht mehr eingehalten, dafür benutzt man moderne Düngemittel, um die Böden intensiv zu nutzen. Und um gute Ernteerträge zu erzielen, greift man oft zu Pflanzenschutzmitteln. Der unsachgemäße Umgang mit Chemikalien ist auf dem Land ein großes Problem; gesprüht wird ohne Schutzmaßnahmen und meist ohne Kenntnis der Gebrauchsanleitung. Oft verwendet man auch Chemikalien, wie z. B. DDT oder Lindan, die in den Industriestaaten längst aufgrund ihrer Schädlichkeit verboten sind. Denn in kaum einem Land des Pazifiks existieren gesetzliche Vorschriften für den Gebrauch von Chemikalien oder Verbote. So ist es auch möglich, daß man die Hotelanlagen durch regelmäßige Anwendung von Pestiziden insektenfrei hält und den Gästen die lästige Moskitoplage erspart.

Die Intensivierung der Landwirtschaft und die Bestellung größerer Flächen führt, im Zusammenspiel mit schweren Regenfällen, oft zu Bodenerosionen und dem Verlust kostbarer Erde. Zum Erosionsproblem trägt auch die Abholzung der Wälder für den Eigenverbrauch oder den Export in entscheidendem Maße bei. Folge der Erosion ist – neben dem Ausschwemmen der ohnehin dünnen Humusschicht – oft ein Mangel an Süßwasser, da die Bäume als Feuchtigkeitsspeicher nicht mehr zur Verfügung stehen, das Regenwasser direkt abfließt und nicht genug davon in den Boden sickert, sowie der Verlust von Lebensraum für bedrohte Tierarten.

Trotz der rapide anwachsenden Umweltprobleme ist das Bewußtsein für einen sensiblen Umgang mit der Natur noch sehr wenig ausgeprägt. Vereinzelt machen sich Bürgerinitiativen für den Umweltschutz stark; von einer Umweltpolitik kann in den pazifischen Staaten aber noch nicht gesprochen werden.

II. Kultur und Bevölkerung

1. Besiedlung und Siedlungsstruktur

Der Pazifik wird in drei geographische Regionen eingeteilt: Polynesien, die „Vielinseln", zu ihnen gehören Samoa und Tonga; Melanesien, die „Schwarzinseln", zu ihnen gehört Fiji; und Mikronesien, die „Kleininseln" im Nordpazifik. Es kann als sicher gelten, daß vor 30000 und möglicherweise schon vor 50000 Jahren, die ersten Menschen den westlichen Pazifik besiedelten (Bellwood 1991: 110). Von Südostasien kommend erreichten sie Australien und Tasmanien und besiedelten die Küsten Neuguineas. Diese Wanderungen zogen sich über viele Jahrtausende hin. Im 3. Jahrtausend v. Chr. setzte eine neue Wanderungswelle von Südostasien her ein. Die Austronesier, wie sie wegen der Ähnlichkeiten in ihrer Kultur und Sprache genannt werden, besiedelten in den folgenden Jahrtausenden in mehreren Wanderungsbewegungen den gesamten Pazifik. Ihre Reisen über die Weiten des Ozeans mit 25–30 Meter langen Ausleger- und Doppelrumpfbooten, begründeten ihren Ruf als außergewöhnlich fähige Bootsbauer und Seefahrer. Von den Philippinen und Nordostindonesien kommend zogen sie durch die melanesische Inselwelt, wo sie sich mit den zuvor gekommenen Bevölkerungen vermischten. Um 1300 v. Chr. erreichten sie Fiji und Tonga, und 300 Jahre später Samoa. Von hier aus gelangten sie, um 300 n. Chr., auf die Marquesas-Inseln und Tahiti. Hawaii und Neuseeland folgten zwischen 500 und 1000 n. Chr. (Koch 1984: 11). Grundlage dieser Datierung sind die archäologischen Funde einer Keramik, die sich durch ihre Dekoration und Herstellungstechnik heraushebt. Diese Lapita-Töpferwaren, benannt nach dem ersten Fundort in Neukaledonien und verbreitet bis nach Samoa, lassen sich von 2000 v. Chr. an feststellen. Für ihre Keramik benutzten die Lapita-Töpfer einen Ton, der mit Sand oder zermahlenen Muschelschalen vermengt und bei einer Temperatur von 850 Grad in einem offenen Feuer gebrannt wurde. Dieser Ton unterscheidet die Lapita-Funde von anderen melanesischen Keramiken, und war nur selten zu finden. Die übliche Form dieser Töpfereien sind große bauchige Gefäße mit schmalem Hals und offene Schalen, versehen mit Zahnstichverzierungen. Doch nicht nur Lapita-Töpferwaren geben Auskunft über die frühe Besiedlung. Archäologische Funde anderer Art und die Entwicklung der Sprachen sind weitere Quellen zur Erkenntnisgewinnung.

Auf ihren Wanderungsfahrten führten die Lapita-Leute Haustiere (Hühner, Schweine und Hunde) und Gartenfrüchte (Taro, Yams, Kokosnüsse, Brotfrüchte, Papiermaulbeerbäume und Bananen) mit sich, die menschliches Leben auf den Inseln oft erst ermöglichten. Das in Polynesien übliche Tatauieren (im Deutschen gebräuchlich: Tätowieren) und die Herstellung von Baststoffen aus der Rinde des Maulbeerbaumes haben ihren Ursprung bereits zur Zeit der Lapita-Töpfer.

Ankunft auf Samoa, Tonga und Fiji

Samoa, Tonga und Fiji waren menschenleere Inseln, als die Austronesier dorthin gelangten. Die Einwanderer ließen sich an den fischreichen Lagunen nieder und ernährten sich von den Früchten des Waldes. Später legten sie Gärten an, züchteten Haustiere und schoben ihre Siedlungen immer weiter ins Inland vor. In Tonga und Samoa blieben die Lapita-Töpfer die einzigen Einwanderer und ihre Kultur bildet die Grundlage der heutigen polynesischen Gesellschaften.

In Fiji vermischten sich Nachfahren der Lapita-Töpfer, die zu dieser Zeit die Kunst der Töpferei weitgehend aufgegeben hatten, mit späteren melanesischen Einwanderern. Ihre Ankunft leitete die Besiedlung des Hochlandes ein. Um 1100 n. Chr. erreichte eine neue Einwanderungswelle Fiji, vermutlich aus Vanuatu kommend, und mit ihr scheinen kriegerische Auseinandersetzungen häufiger geworden zu sein. Die Inselbewohner zogen sich aus Sicherheitsgründen in befestigte Anlagen und

Abb. 1: Tonganerin (Foto: Tourism Council of the South Pacific)

Wehrdörfer zurück und verlegten ihre Tarofelder in deren unmittelbare Umgebung. Allein auf Viti Levu fand man über 1000 solcher Anlagen aus dieser Zeit. Im 17. Jahrhundert erreichten die Kriegsboote der Tonganer die östlichen Inselgruppen Lau und Vanua Levu. Bis ins späte 19. Jahrhundert blieb ihr Einfluß erhalten, und die Bewohner einiger Inseln mußten an die tonganischen Herrscher Tribute leisten, die aus Matten, Baststoffen, Kokosöl, Töpferwaren und Kanus bestanden.

Sehr viel früher als Fiji hatten die Tonganer Samoa erobert. Vermutlich im 13. Jahrhundert entsandte der damalige Herrscher Tongas seine Kriegsboote dorthin. Erst 200 bis 300 Jahre später gelang es den Samoanern, die Tonganer nach langandauernden kriegerischen Auseinandersetzungen zu vertreiben. Es gibt Hinweise, daß bereits vor den Tonganern die Kriegsboote der Fijianer die Samoa-Inseln erreicht haben. Die Beziehungen scheinen aus unbekannten Gründen wieder abgerissen zu sein. Die Verbindungen zwischen den drei Inselgruppen reichen also lange zurück, und die ranghöchsten Familien in Tonga, Samoa und Fiji weisen meist an irgendeiner Stelle in ihrer Ahnenreihe einen „Ausländer" nach. Aber Gemeinsamkeiten gibt es nicht nur in den Genealogien. Die Sprachen auf Fiji, Samoa und Tonga gehören dem pazifischen Zweig der austronesischen Sprachfamilie an. Sie umfaßte etwa 700–800 Sprachen, zu denen auch die Idiome Malaysias, Indonesiens, der Philippinen, Südvietnams und Madagaskars gehören. Auf Samoa und Tonga werden jeweils einheitliche Sprachen gesprochen; in Fiji trennen sich zwei nahverwandte Dialektketten, die wiederum in Dialekte kleinerer Gruppen unterteilt sind. Räumliche Trennung und unterschiedliche Einwanderungswellen sind dafür die Ursachen (Bellwood 1979: 126). Heute sprechen Fijianer aller Regionen neben ihrem Dialekt auch den Bau-Dialekt, der durch das Wirken der Missionare im 19. Jahrhundert und ihre Bibelübersetzungen allgemein verbreitet worden ist. Daneben gehört die englische Sprache wie in Samoa und Tonga seit langem zur schulischen Ausbildung und wird auch in der Verwaltung benutzt.

Bevölkerung und Siedlungsstruktur

1986 lebten in West-Samoa 162 000, in Amerikanisch-Samoa 36 260 und in Tonga 94 535 Menschen (PIY 1989). Die meisten sind polynesischer Herkunft, einige wenige sind Chinesen, Taiwanesen, Europäer resp. US-Amerikaner. In West-Samoa leben außerdem Mischlinge aus den Verbindungen zwischen europäischen Siedlern und der einheimischen Bevölkerung. Eine letzte große Einwanderungswelle erreichte Fiji gegen Ende des 19. Jahrhunderts. Zwischen 1879 und 1916 wurden über 60 000 Menschen aus Indien als Vertragsarbeiter für die Zuckerrohrplantagen angeworben. In der gleichen Zeit dezimierten eingeschleppte Krankheiten, die auch die Samoa-Inseln und Tonga heimsuchten, die Bevölkerungen. Im Jahre 1986 stellten die Inder mit 48,7 % die Mehrheit der Bevölkerung in Fiji. Sie sind fijianische Staatsbürger. Nur selten heiraten die beiden Ethnien untereinander, und auch räumlich leben sie relativ getrennt. Die Zuckerrohrgebiete sind stärker indisch, die äußeren Inseln, das Hochland und der Osten der Hauptinsel Viti Levus sind eher fijianisch geprägt. Die Nachkommen europäischer Siedler, ehemaliger melanesischer Zwangsarbeiter und Chinesen machen 3,6 % der insgesamt 715 375 Einwohner Fijis aus. Eine besondere ethnische Gruppe bilden die etwa 8000 Rotumaner, die sich sowohl kulturell als auch vom physischen Erscheinungsbild her von den Fijianern unterscheiden. Ihre Insel, weit abseits im Norden des Archipels, zählt seit 1881 zum Staatsgebiet Fijis.

Die Mehrheit der Bevölkerungen lebt nach wie vor auf dem Lande, meist in küstennahen Dörfern, deren Größe zwischen 50 und mehreren Hundert Einwohnern schwankt. Doch in den letzten 40 Jahren wandern immer mehr Menschen aus den abgelegenen Inseln fort. Es zieht sie auf die Hauptinseln, wo sie mehr Schulen und Krankenhäuser finden und Straßen die Mobilität erleichtern. Auf den Inseln Upolu (West-Samoa), Viti Levu (Fiji), Tutuila (Am.-Samoa) und Tongatapu (Tonga) konzentriert sich der Großteil der Bevölkerungen. In den letzten 20 Jahren sind Städte zu einem großen Anziehungspunkt für die Landbewohner geworden: in Fiji und Amerikanisch-Samoa wohnen bereits 36,3 % bzw. 41,1 % aller Einwohner in Städten, und in Tonga sind es knapp 30 %. Nur in West-Samoa leben noch 80 % der Bevölkerung in den Dörfern (Kreisel 1990: 391–95). Die Migration macht auch vor den Landesgrenzen nicht halt. Viele Samoaner, Tonganer und manche Fijianer wandern in die Industrienationen am Rande des Pazifischen Ozeans ab, ein Trend, der den gesamten östlichen Pazifik erfaßt hat. Man schätzt, daß etwa 60 000 West-Samoaner und 55 000 Ost-Samoaner, 30 000 Tonganer und vielleicht 20 000 Indo-Fijianer und Fijianer in Neuseeland, Australien, den USA, Hawaii und Kanada leben (Hayes 1991: 5). Viele von ihnen sind bereits dort geboren.

2. Verwandtschaft und politische Strukturen

Die Art, in der die Menschen auf den drei Inselgruppen ihr Leben einrichteten, und ihre Kultur ist in vielen Bereichen ähnlich, in anderen unterscheidet sie sich. So ist Fiji durch seine Besiedlungsgeschichte anderen kulturellen Einflüssen ausgesetzt gewesen als Tonga und Samoa. Die unterschiedlichen Dialektgruppen innerhalb Fijis weisen darauf hin, daß es lokale Unterschiede in der sozialen und politischen Ordnung gibt. Tonga und Samoa haben dagegen jeweils einheitliche Kulturen hervorgebracht. Von traditionellen Kulturen kann man jedoch nicht sprechen, da sie über die Jahrhunderte vielfachen Wandel erfahren haben. Wir werden daher im folgenden nur einige der politischen und sozialen Ordnungsprinzipien vorstellen, die für die heutigen Gesellschaften noch Bedeutung haben.

Entsprechend der geographischen Einteilung Ozeaniens wurden lange Zeit die Kulturen voneinander abgegrenzt. Nach heutigen archäologischen, linguistischen, physisch-anthropologischen und ethnologischen Kenntnissen lassen sich diese Grenzen jedoch nicht mehr eindeutig ziehen. So gehören die meisten Menschen Fijis vom physischen Erscheinungsbild her eher zu Melanesien, ihre Kultur hat jedoch melanesische und polynesische Merkmale. Mit den Polynesiern verbindet sie die Hierarchisierung der Gesellschaft. Idealtypisch lag die politische Führung dabei in den Händen des erstgeborenen Sohnes der genealogisch ältesten Abstammungsgruppe. Darunter befand sich eine Schicht von Adligen oder Unterhäuptlingen, die über die große Mehrheit der Nichtadligen herrschte. In abgewandelter Form findet sich dieses Muster auf allen drei Inselgruppen. Häuptlinge, die wie die adligen Tonganer ihren Rang erbten, hat es vermutlich überall in Fiji gegeben. In den westlichen Regionen Fijis jedoch zeigen sich Prinzipien politischer Führung, wie sie in Melanesien üblich sind. Dort gründet sich soziale Schichtung auf das Altersprinzip und auf individuelle Leistung und Status des einzelnen. Status und Einfluß sind nicht vererbbar, sondern müssen erworben werden. Der melanesische Einfluß hat dafür gesorgt, daß die Macht der Häuptlinge im Westen Fijis weniger ausgeprägt ist als anderswo. In vielen polynesischen Gesellschaften dagegen ist die Person des politischen Führers unantastbar. Besonders hohe Würdenträger betrachten sich als direkte Nachkommen aus der Verbindung eines Menschen mit einem Gott. Die Kraft, die sie vertreten, die Eigenschaften, die sie besitzen, ihre handwerklichen Fähigkeiten sind beseelt vom Mana, einer spirituellen Kraft, die Menschen und Dingen innewohnen kann. Bis heute hat sich die Ehrfurcht vor den spirituellen Kräften hoher Würdenträger erhalten, und viele ältere Menschen respektieren die dazugehörigen Tabus.

Alle drei Gesellschaften haben die überkommenen Prinzipien politischer Führung in ihre modernen Verfassungen aufgenommen. Zwar ist die unumschränkte Macht der alten Häuptlinge verblaßt, haben Gesetze und Gerichtsbarkeit ihre Befugnisse beschnitten, doch vielfach beeinflussen ihre Entscheidungen noch das Zusammenleben der Menschen, deren Beziehungen durch ein Rangsystem geordnet sind. Danach ist jedes Individuum hineingeboren in einen bestimmten Rang, der ihn von jedem anderen Individuum unterscheidet. Alter, Geschlecht, Reihenfolge in der Geburt und Rang der Eltern sind Faktoren, die bestimmen, wo der Platz eines jeden in der Hierarchie der Gesellschaft ist. Darüberhinaus kann jedoch der Status durch Leistungen erhöht und durch Mißerfolge erniedrigt werden. Diese Rangordnung gilt für Individuen wie für ganze Verwandtschaftsgruppen und Dörfer, die idealtypisch um so höher in der Hierarchie rangieren, je weiter sie ihre Ahnenreihe zurückverfolgen können und je höher der Rang ihrer Vorfahren ist. Sind sich Samoa, Fiji und Tonga in ihren politischen und sozialen Ordnungsprinzipien recht ähnlich, so unterscheiden sie sich darin, wie soziale Zugehörigkeit geregelt ist und die Menschen ihr Leben in den Dörfern einrichten.

Verwandtschaftsgruppen und Häuptlinge in Fiji

In einem modernen fijianischen Dorf stehen alle Haushalte miteinander in enger Beziehung, und jeweils mehrere betrachten sich größeren Verwandtschaftsgruppen zugehörig, von denen die Mataqali, eine weitverzweigte Großfamilie, im Alltag die wichtigste Rolle spielt. Die größte soziale Gruppe ist die Vanua, der Stamm, ein im Grunde eher politischer Zusammenschluß. Die Mitglieder einer Vanua fühlen sich einem bestimmten Territorium zugehörig und erkennen einen obersten Häuptling an, denen sich die Oberhäupter der kleineren Verwandtschaftsgruppen unterordnen. Die Häuptlinge erben ihr Amt vom Vater. Alle Mitglieder einer Vanua betrachten sich, vererbt über den Vater, als Abkommen eines gemeinsamen Vorfahren. Durch die fortwährende Abspaltung der Familien der Söhne von der des Vaters hat sich der Stamm ausgebreitet und in immer kleinere Einheiten geteilt. Es ist die Mataqali, deren Mitglieder die verwandtschaftlichen Verpflichtungen ausführen, die Zeremonien ausrichten und die Zusammenarbeit mehrerer Haushalte regeln. Die Mitglieder der Vanua kommen nur bei Anlässen, die die ganze Vanua betreffen, zusammen. Meist leben die Angehörigen einer Vanua über mehrere Dörfer verteilt, wo sie zusammen mit den Mataqalis anderer Vanua beieinander wohnen. So reicht das Netz der sozialen Beziehungen weit. Innerhalb des Dorfes genießt eine Familie den höchsten Rang und ihr Oberhaupt ist der Häuptling des Dorfes. In regelmäßigen Abständen treffen sich die Männer des Dorfes im Versammlungshaus, zu dem auch Frauen, als Zuhörerinnen, Zutritt haben. Hier werden alle wichtigen Angelegenheiten beredet und entschieden. Dies ist die Sozialstruktur, die alle modernen Fijianer anerkennen. Doch eine überkommene Struktur ist das nicht. Sie ist zurückzuführen auf die Registrierung der Landtitel durch die britische Kolonialverwaltung, die die Sozialstruktur der Bewohner der Bau-Insel zum Vorbild nahm. Ihrem Dialekt ist auch die Terminologie entlehnt.

Vermutlich gab es in früheren Zeiten regional sehr unterschiedliche Organisationsformen, von denen heute nur wenig bekannt ist. Missionare berichteten von Häusern, in denen die Männer getrennt von den Frauen und Kindern schliefen. Diese sind seit langem verschwunden. Es ist aber anzunehmen, daß die grundlegende wirtschaftliche und soziale Einheit der Haushalt war, ähnlich zusammengesetzt wie heute noch allgemein in den Dörfern üblich: die Familie des Vaters, ein oder zwei verheiratete

Söhne, unverheiratete Geschwister und gelegentlich andere Verwandte. Es ist weiterhin anzunehmen, daß der Stamm auch in früheren Zeiten die größte soziale und politische Einheit war, an den sich, bedingt durch Kriege, Allianzen und Wanderungen, auch nicht-verwandte Familien anschließen konnten. Sicher ist auch, daß nicht in allen Gegenden Fijis die Abstammung über den Vater vererbt wurde. In manchen galt die Familie der Mutter als entscheidend. Das koloniale Modell läßt diese Möglichkeit heute unberücksichtigt.

Die samoanische Variante: Matai und Aiga

In Samoa ist die zentrale soziale und politische Einheit die weitverzweigte Großfamilie (Aiga), deren Mitglieder ihre Abstammung sowohl über die Mutter als auch über den Vater verfolgen. Zu jeder Aiga gehört ein Territorium, und mehrere Aiga wohnen in einem Dorf beieinander. Untereinander streng nach ihrem Rang geordnet, regeln sie die inneren Angelegenheiten des Dorfes weitgehend autonom von staatlichen Einrichtungen. Oberste Autorität haben die Matai. Sie sind Oberhäupter der Aiga und halten die Titel, die die Aiga mit einem bestimmten Territorium verbindet. Im Unterschied zu Fiji und Tonga jedoch werden die Matai von den Mitgliedern der Aiga gewählt und können, wenn sie sich als unwürdig erweisen, abgesetzt werden. Obwohl der Titel zu keiner bestimmten Familie innerhalb der Aiga gehört, ist es üblich, daß der älteste Sohn als Nachfolger eingesetzt wird. Mehrere Männer und gelegentlich auch Frauen können aber prinzipiell Anspruch auf den Titel erheben, und im 19. Jahrhundert führten Samoaner erbitterte Kriege um die Nachfolge der vier höchsten Titel im Lande. Denn ein Matai, dem es gelingt, diese vier auf sich zu vereinen, wurde als oberster Häuptling (Tupu o Samoa) anerkannt. Erstmals gelang dies im 16. Jahrhundert einer Frau mit Namen Salamasina.

Einmal gewählt, besitzt der Matai unbeschränkte Autorität. Der Dorfrat der Matai (Fono) kontrolliert das öffentliche Leben: Er bestimmt die Höhe der Kirchenspenden, regelt die Arbeitsverteilung bei größeren Aufgaben und bestraft Dorfbewohner, die sich Vergehen gegen die Ordnung haben zuschulden kommen lassen. Neben dem Dorfrat der Matai ordnen verschiedene soziale Gruppierungen, die in sich und untereinander ebenfalls streng hierarchisiert sind, das dörfliche Zusammenleben. Die Männer ohne Titel bilden die Aumaga. Sie gehen gemeinsam fischen, roden das Land oder treiben Sport zusammen. Die Frauen arbeiten und handeln ebenfalls in Gruppen, die sich heute Komitees nennen. In früheren Zeiten unterschieden sich die Frauen, die aus dem Dorf gebürtig waren, die Aualuma, von denen, die einheirateten. Die Aualuma waren für zeremonielle Aufgaben zuständig und flochten die besonders feinen Matten. An ihrer Spitze stand die Dorfjungfrau. Sie symbolisierte die Ehre des Dorfes und wurde zwecks Allianz mit einem hohen Matai aus einem anderen Dorf verheiratet. Heute wird in den Frauenkomitees nicht mehr zwischen gebürtig und eingeheiratet unterschieden. Noch immer jedoch haben die Schwestern von hohen Matai großen Einfluß auf das dörfliche Geschehen, und keine Aiga wird es wagen, gegen den Willen der Frauen zu entscheiden, da sie deren Zorn und Fluch fürchtet.

Adel und Verwandtschaft in Tonga

Die Gesellschaft Tongas ist die am stärksten hierarchisierte. Die Einteilung in zwei Klassen, Volk und Adel, und der Rang der Eltern bestimmen die soziale Stellung eines Menschen. Zum höchsten adligen Stand, „Houeiki“, gehören die Häuptlinge, die ihre verwandtschaftliche Linie am weitesten zurückverfolgen und auf die höchstrangigen Vorfahren verweisen können. Ebenfalls zur Adelsschicht gehören die Träger des „Matapule“-Titels, den Häuptlinge an ihre Ratgeber oder Begleiter vergeben konnten. Der Rang und das Ansehen eines Matapule hing vom Rang des Häuptlings ab, dem er diente. Die meisten Tonganer werden in die Klasse der „Tua“, der Ranglosen, hineingeboren. Der Aufstieg eines Tua in eine höhere Klasse, z.B. durch Adoption oder Erhebung in den Adelsstand war zwar möglich, aber selten.

In früheren Zeiten war der Verlust eines Adelsranges nicht ausgeschlossen, z.B. wenn man im Krieg gefangen wurde. Der

Status der Kriegsgefangenschaft war der niedrigste in der alten tonganischen Gesellschaft. Heute ist der Verlust eines Adelsranges praktisch nur möglich, wenn der König ihn aberkennt. Jedem Menschen in Tonga ist sein Rang bewußt, und das Prinzip der Rangordnung wird auch heute noch in der Kava-Runde sichtbar: Eine genaue Sitzordnung zeigt die Rangfolge der Anwesenden, und dem Ranghöchsten wird immer als erstem die Schale mit dem traditionellen Getränk gereicht. Hinzu kommt, daß die Tonganer besondere Wörter und Ausdrücke benutzen, wenn sie zu Leuten sprechen, die eine andere soziale Stellung haben.

Frauen haben in der tonganischen Gesellschaft eine geachtete Stellung. Dies zeigt sich unter anderem darin, daß eine Frau generell höherrangig als ihre Brüder ist, auch wenn diese älter sind als sie. Dementsprechend haben die Kinder der Frau auch einen höheren Rang als die ihrer Brüder. Politische Macht üben jedoch die Männer aus, obwohl Frauen auch z. B. Vorstand einer Familie werden können.

In der tonganischen Gesellschaft gibt es verschiedene Verwandtschaftsgruppen, die Ha'a genannt werden und sowohl die Bedeutung von „Stamm" wie auch „Familie" haben können. Sie werden in männlicher Linie meist auf einen gemeinsamen Ahnen zurückgeführt. Eine Ha'a kann aus mehreren Häuptlingen und deren Verwandten bestehen, von denen die am weitest entfernten zur Klasse der Tua gehören. Nicht alle Ranglosen sind sich ihrer Verwandtschaft zu einem Häuptlinge bewußt, aber die meisten sind weitläufig mit dem Oberhaupt der Ha'a verwandt. Dieser ist gewöhnlich der ranghöchste Häuptling der Familienlinie, der früher unumschränkte Macht über seine Untertanen besaß.

Der Adlige mit dem höchsten Rang in Tonga war der geistige Führer, den man etwa als „Priester-König" bezeichnen könnte und der den Titel „Tu'i Tonga" trug. Der 39. Tu'i Tonga starb 1865 – der letzte, da kein Nachfolger bestimmt wurde. Seine Nachkommen leben heute noch und gehören zu den drei ranghöchsten Familien Tongas.

Das Land und seine Erträge wurden von Ha'a-Oberhäuptern oder von Matapules in einer Art Feudalsystem „verwaltet". Sie vergaben Land an die Untertanen, die den Häuptlingen Nah-

Abb. 2: Auf den Märkten wird eine Vielzahl von lokalen Produkten angeboten (Lautoka, Fiji). (Foto: Sabine Bruno)

rungsmittelabgaben zu leisten hatten. Diese wiederum gaben einen Teil davon an die nächsthöheren Häuptlinge. Die ersten Früchte einer Ernte mußten dem Tu'i Tonga präsentiert werden.

Daneben war das Volk verpflichtet, jederzeit für die Häuptlinge zu arbeiten, in den Krieg zu ziehen oder ihr Hab und Gut abzugeben, wenn es von ihnen verlangt wurde. Die Menschen lebten ehemals wohl nicht in Dörfern, sondern auf dem Land, das sie bewirtschafteten. Erst der Krieg zwischen 1797 und 1826 zwang die Menschen vermutlich, in befestigten Dörfern Schutz vor Übergriffen zu suchen.

3. Bodennutzung und dörfliches Leben

Land hat im Pazifik mehr als nur ökonomische oder politische Bedeutung. In Samoa, Fiji und Tonga erheben Verwandtschaftsgruppen Anspruch auf ein Stück Land, weil ihre Vorfahren es bereits besiedelten. Durch das Land haben sie ständigen Kontakt mit den Ahnen und eine tiefe spirituelle Bindung besteht, aus der die Menschen viel Kraft schöpfen.

In Fiji und den beiden Samoas betrachten die Mataqali und die Aiga ein Stück des dörflichen Territoriums als ihnen zugehörig. In Fiji nutzen einzelne Haushalte über längere Zeit das Gartenland, das sie mit Zustimmung der anderen Verwandten urbar gemacht haben. In Samoa verteilt der Matai das Gartenland an die einzelnen Haushalte seiner Aiga. Auch hier haben einzelne Haushalte eine Art Gewohnheitsrecht an bestimmten Landstücken. In Tonga vergibt heute der Nopele das Land an die Dorfbewohner, die darauf einen gesetzlichen Anspruch haben. Der Nopele selbst erhält es vom König zur Verwaltung. Wald, Flüsse und Riffe stehen in Fiji, Samoa und Tonga allen Menschen zur Nutzung offen. Darüberhinaus gibt es weitreichende Nutzungsrechte an den Feldfrüchten von Verwandten.

In Fiji und in Tonga, weniger in den beiden Samoas, bauen die Dorfbewohner auf ihren Feldern Gewächse für den Handel und für den eigenen Bedarf an. Üblich ist wie in alten Zeiten der Brandrodungs- und Wanderfeldbau mit Grabstock und Spaten. An den unzugänglichen Hängen, die den Großteil fijianischen und samoanischen Ackerlandes ausmachen, ist der Einsatz von Maschinen selten möglich. Die Felder werden in Fruchtwechselfolge über zwei bis drei Jahre genutzt und liegen dann fünf bis sieben Jahre brach, die ideale Anbauweise für tropischen Boden.

Die Palette der Produkte ist reichhaltig und umfaßt Yams, Taro, Bananen, Brotfrüchte und grüne Blattgewächse. Überall wachsen Kokospalmen, die Öl, Kokosmilch und Kopra (getrocknetes Kokosnußfleisch) liefern, und Früchte verschiedener Art. In bestimmten Höhenlagen ermöglichten früher ausgedehnte Bewässerungsanlagen mit Terrassen und Kanälen, daß der hochwertige Naß-Taro gedieh, doch diese Anlagen sind heute weitgehend verschwunden. In Fiji, dessen Dörfer die kommerzielle Nutzung des Landes bislang am weitesten vorangetrieben haben, hat die im 19. Jahrhundert eingeführte Maniok-Wurzel die Bedeutung von Yams und Taro verringert. Maniok braucht mit vier Monaten weniger Zeit zum Reifen als beispielsweise die Yamswurzel (12 Monate) und wird das ganze

Jahr über angebaut. So können die Haushalte die jahreszeitlich bedingten Mangelsituationen während der Zeit der Stürme im November und Dezember besser ausgleichen. Zu diesem Zweck hatten frühere Generationen Yamsspeicher angelegt und Brotfrucht fermentiert, eine Vorratswirtschaft, die heute nicht mehr üblich ist. Überschüsse gingen damals an fremde Herrscher, oder sie wurden dem Häuptling dargebracht, der einen Teil der Gaben in großen Verteilungsfesten wieder an seine „Untertanen" zurückgab. Heute werden die Überschüsse für Feste anläßlich der vielen Zeremonien verbraucht, wenn sie nicht verkauft oder an Verwandte verschenkt werden. Die Lebensgrundlage der Menschen sind landwirtschaftliche Produkte, und ihre Nahrung ist meist vegetarisch, angereichert mit dem Fett der Kokosmilch. Fisch und Schweinefleisch sind geschätzte, aber keine alltäglichen Beilagen, auch wenn heute Dosenfisch und Corned Beef längst Einzug in den dörflichen Speiseplan gehalten haben.

Die Arbeiten, die jeder Dorfbewohner verrichtet, sind gemäß Alter, Seniorität und Geschlecht festgeschrieben und werden innerhalb des einzelnen Haushalts verteilt. Männer roden das Land, gehen auf die Felder, jagen und fischen mit Speeren und Booten. Zu besonderen Anlässen bereiten sie das Essen im Erdofen. Dazu heben sie eine Grube aus, in der sie in Blätter gewickeltes Fleisch, Fisch und Knollenfrüchte auf heißen Steinen garen. Männer bauen Häuser, gelegentlich Boote und stellen Handwerkszeug her. Frauen sind zuständig für die Hausarbeit, das tägliche Kochen auf dem offenen Feuer, die Kindererziehung. Sie sammeln Schalentiere, Beeren und wildes Gemüse und fischen mit anderen Frauen in der Lagune. Nur in fijianischen Dörfern arbeiten die Frauen auch auf den Feldern. Noch immer kommen die Frauen zusammen, um Matten zu flechten und Rindenbaststoffe herzustellen und zu bedrucken, eine Kunst Ozeaniens, die in Tonga am vollkommensten erhalten ist.

4. Kunsthandwerk

„Keine Reise zum fernen Pazifik mag uns in die traditionelle Welt der Polynesier führen. Nur in den Museen finden wir die Relikte ihrer großen Vergangenheit", schrieb vor vielen Jahren ein deutscher Ethnologe (Koch 1972: Blatt 74 b). Doch nicht alle der sehr ähnlichen materiellen Erzeugnisse der Tonganer, Fijianer und Samoaner sind aus ihrem Alltag verschwunden. Die prestigeträchtigen Matten und Baststoffe fehlen in keinem modernen Haushalt. Hergestellt werden die Rindenbaststoffe aus dem Bast des Papiermaulbeerbaums, der, gewässert und getrocknet, zu großen Stoffbahnen ausgeschlagen wird, die eine Länge bis zu 100 Metern erreichen können. Pflanzlicher Stärkekleister verbindet die einzelnen Stücke. Mit ebenfalls aus Pflanzen gewonnenen Farben aus Rot-, Braun- und Gelbtönen und schwarzem Ruß werden die Stoffe mit jeweils typischen Mustern bedruckt und bemalt. Die Baststoffe haben heute weniger nützliche (Decken, Kleidungsstücke) als ideelle Bedeutung.

Die Matten werden aus Pandanusblättern geflochten. Während die gröberen als Boden- und Schlafmatten dienen und in jeden Haushalt gehören, sind die feineren Ausführungen Insignien von Rang und Status und ein kostbarer Besitz. Keine Zeremonie wäre denkbar ohne Matten und Rindenbaststoffe, die als rituelle Güter unter Verwandtschaftsgruppen ausgetauscht werden. Die besonders kostbaren sind oft sehr alt. Königin Salote von Tonga trug bei Feierlichkeiten eine Matte, die 600 Jahre alt war. Matten und Baststoffe herzustellen, Fächer und Körbe zu flechten, gehören zu den wenigen kunsthandwerklichen Fähigkeiten, die erhalten geblieben sind. Gelegentlich noch heute schnitzen Männer die hölzernen Kava-Schalen und Schlitztrommeln, die in den Dörfern zur Kirche rufen. Die kunstvoll verzierten Speere und Keulen sind jedoch nur noch in Museen zu bewundern. Verschwunden sind auch die hochseetüchtigen Kriegsboote, die die tonganischen Seefahrer so berühmt gemacht haben. Selbst Fischerboote, wie das „Drua" in Fiji, ein Segelboot, und das „Bonito" in Samoa, bauen die Männer kaum noch selbst.

Bevor die Europäer in die Südsee kamen, kannten die Polynesier kein Metall und benutzten Werkzeuge aus Stein, Muscheln und Knochen, um Boote und Häuser aus Holz zu bauen. Die geflochtene Faser der Kokosnuß verband die einzelnen Teile, denn Nägel oder Leim gab es nicht. Als Segel dienten große, dreieckige Matten aus Pandanus.

Häuser werden nur in samoanischen Dörfern noch weitgehend auf traditionelle Weise gebaut: oval, mit offenen Wänden und einem Dach aus getrockneten Blättern, getragen von zahlreichen Pfosten aus Holz. Nachts lassen die Bewohner Jalousien aus geflochtenen Matten herunter. Ganz anders bauten die alten Fijianer ihre Häuser. Dicke Wände aus getrockneten Blättern verschlossen das rechteckige Innere, in das nur kleine Öffnungen führten. Heute haben die meisten Häuser Wände aus Holz oder Stein. Wenn den Besitzern das Geld dazu fehlt, sind die dünnen Wände aus Bambus oder Kokospalmwedeln geflochten. Das Dach ist aus Wellblech, die Fenster aus Glas oder Holz, und drei Türen führen hinein. Auch in Tonga zieren die ovalen Langhäuser mit runden Stirnseiten heutzutage Dächer aus Wellblech statt aus Blättern.

Wenn sich auch die Techniken und materielle Erscheinungsform vieler alltäglicher Dinge für die Inselbewohner geändert haben, so sind doch spirituelle Bezüge erhalten geblieben. Nach wie vor ist Raum sozial gewertet, und räumliche Höhe symbolisiert sozialen Status. So ist das Haus eines Häuptlings in Fiji auf einem steinernem Fundament gebaut, das es über die anderen Häuser im Dorf erhebt. In Samoa und Fiji ist innerhalb eines Hauses, unsichtbar für den Blick des Fremden, der Raum in Zonen geteilt, die der sozialen Hierarchie entsprechen. So gehört der Platz, der am weitesten von der Tür entfernt ist, dem Oberhaupt der Familie und dem Gast, das entgegengesetzte Ende ist den Frauen und Kindern vorbehalten. Nachts, wenn die Schlafmatten ausgerollt werden, legt man sich möglichst weit weg vom niederen Teil des Hauses, je höher im Rang, desto weiter. In Samoa markieren Pfosten das sozial höhere und niedere Ende eines Hauses.

Die polynesischen Gesellschaften haben nur wenige bildnerische und künstlerische Darstellungsformen ausgeprägt. Aus

Holz und Walzähnen fertigten Handwerker in Samoa und Fiji kleine Idolfiguren, die Ahnen darstellten. Nur wenige von ihnen sind dem Zerstörungswerk der christlichen Missionare entgangen. Verschwunden sind auch die Tempel, in denen in Fiji solche Idole aufbewahrt wurden. Mit ihren schmalen, hohen Dächern hatten sie alle anderen Häuser des Dorfes überragt.

5. Die traditionelle Religion und der „Erfolg" der Missionierung

Götter und Geister

Der religiöse Glaube der Polynesier war geprägt von Göttern und Geistern unterschiedlichen Ranges: hochrangige Götter wurden „Atua" genannt. Zur Spitze der Atua-Hierarchie gehörte „Tane", der Gott des Waldes und Holzes und Schutzpatron der Holzhandwerker. „Tu" war der Kriegsgott der Polynesier. Diesen beiden als streng geltenden Göttern, die Menschenopfer forderten, stand „Rongo" gegenüber, der Gott des Friedens, der Künste, der Bewahrung der Traditionen und des Landbaus. Der Glaube an „Tangaroa", den Gott der See und des Himmels und Schöpfer der Welt, verbreitete sich in ganz Polynesien. Auf manchen Inseln wurde Tangaroa sogar der am höchsten verehrte Gott. „Tangaloa", wie er in Tonga und Samoa genannt wird, gilt hier als Schöpfungsgott und Vorfahre der Adelsschicht, wie verschiedene Entstehungsmythen erzählen. In Fiji ist die Verehrung der vier hohen polynesischen Götter nicht bekannt. Hier gilt „Degei" als höchster Gott. Er soll halb Schlange und halb Stein sein und in einer Höhle auf dem Berg Nakauvadra im Nordosten der Hauptinsel Viti Levu leben.

Für die Fijianer war der Glaube an die zahlreichen anderen Götter, „Kalou" genannt, von größerer Bedeutung. Diese wiederum gab es auch in Polynesien, wo sie als nachgeordnete Götter unter der Bezeichnung „Aitu" bekannt sind. Sie konnten nationale wie lokale Götter sein, aber auch Schutzpatrone einzelner Familien oder bestimmter „Berufe", wie etwa dem des Tatauierers (im Deutschen: Tätowierers), des Bootsbauers oder des Fischers. Zu den Aitu gehörten auch verstorbene hohe Häuptlinge, meist Begründer einer Verwandtschaftslinie, oder hoch angesehene Krieger, die nach ihrem Tod als Götter verehrt wurden. Zahlreiche sonstige Wesen, wie Feen, Kobolde, Fabelgestalten und Dämonen belebten die Natur. Der Glaube an die übernatürlichen Kräfte der Götter und Geister, die überall präsent sein und in das tägliche Leben eingreifen konnten, bestimmte das Bewußtsein der Menschen in starkem Maße. Negative und unerklärliche Vorkommnisse wie Naturkatastrophen, verlorene Kriege, Unfälle mit Todesfolge, Krankheiten, die mit den traditionellen Methoden der Heiler oder Heilerinnen nicht bekämpft werden konnten, wurden auf den Zorn der Götter zurückgeführt. Sie mußten mit Hilfe eines Priesters beschwichtigt werden.

Die Priester

Priester stellten die Verbindung zwischen der realen und der geistigen Welt her, sie hatten die spirituelle Macht, zwischen den Menschen und den Göttern zu vermitteln. Einen ständigen Götterkult gab es nicht; ein Priester wurde nur zu besonderen Anlässen konsultiert. Für spezielle Vorhaben, wie Kriegszüge, bevorstehende Reisen oder besondere Fischfangaktionen, wurde der zuständige Gott um Erfolg und Hilfe gebeten. Ein Priester konnte nur mit einem bestimmten Gott kommunizieren und galt als dessen Medium. Opfergaben waren besonders wichtig bei der Konsultation der Götter, und sie waren abhängig vom Ausmaß des Anliegens. Meist wurden Nahrungsmittel oder Prestigeobjekte dargebracht. Hohe Häuptlinge ordneten zu besonderen Anlässen auch die Opferung von Menschen an, da einigen Göttern eine besondere Vorliebe dafür nachgesagt wurde.

In Fiji waren Menschenopfer recht verbreitet. Ein neues Kanu eines hohen Häuptlings wurde mit menschlichem Blut geweiht; beim Tempelbau begrub man für diesen Zweck getötete junge Männer unter den Hauptpfosten, um die Götter günstig zu stimmen. Die beim Tod eines wichtigen Häuptlings praktizierte Strangulierung seiner Witwen war kein Opfer an die Götter, sondern machte seine hohe Stellung deutlich. Die Witwen selbst bestanden auf ihrem Tod, da dies als ein Zeichen der Treue und Ehrfurcht dem Toten gegenüber galt und außerdem der Seele des Toten den Weg ins Paradies erleichterte. Die Vorstellung von einem Weiterleben nach dem Tode im paradiesischen Totenreich „Bulotu" war auch in Samoa und Tonga vorhanden, aber nur den hochgestellten Persönlichkeiten standen die Pforten des Paradieses offen. Die gewöhnlichen Menschen durften entweder auf ein Dasein in einem tristen Schattenreich hoffen oder hatten gar kein Leben nach dem Tode zu erwarten.

Fiji war unter den ersten Seefahrern als „Kannibaleninsel" bekannt und gefürchtet. Tatsächlich wird in historischen Quellen von der Verspeisung menschlichen Fleisches berichtet, die vor allem bei hohen Häuptlingen vorgekommen sein soll. Meist wird sie mit Kriegszügen in Verbindung gebracht. Das Fleisch eines besonders tapferen Kriegers wurde gegessen, weil man sich dadurch erhoffte, die ihm innewohnende geistige und kriegerische Kraft zu übernehmen. Das Verspeisen eines gewöhnlichen Menschen oder Kriegsgefangenen war eine Erniedrigung und machte die Verachtung diesem Menschen gegenüber deutlich. In Samoa und Tonga soll das rituelle Essen von Menschenfleisch selten vorgekommen sein. Bei der Ankunft der ersten Weißen auf den Inseln wurden lediglich diesbezügliche Redensarten, Flüche und Beleidigungen festgestellt.

Mana und Tabu

Mana, die besondere geistige Kraft, besaßen nicht nur Priester, sondern auch Häuptlinge, Heiler und Menschen, die außerordentlich erfolgreich waren, wie z. B. im Krieg, beim Fischfang oder Bootsbau. Mana konnte vererbt werden, wie bei der fijianischen Priesterkaste und den polynesischen Häuptlingen, aber auch erworben und vermehrt. Das Prinzip des Mana lag im Erfolg und seiner Überprüfbarkeit: konnte man es nachweisen, stiegen Einfluß, Ansehen und Rang. Umgekehrt jedoch konnte man es bei Mißerfolg auch wieder verlieren und ebenso den mit Mana verbundenen Status. Mana konnte auch Tieren anhaften, die als Inkarnation von Göttern galten, oder Pflanzen, die besondere Wirkung besaßen, und sogar leblosen Dingen, wie z. B. der Waffe eines Kriegers mit viel Mana.

Neben dem Mana-Prinzip gab es noch das der Tabus, das eine wichtige Rolle in den verschiedenen Bereichen des gesellschaftlichen Lebens spielte. Zahllose Tabus, die seit jeher bestanden, auf Götter zurückgeführt wurden oder von Priestern und Häuptlingen verhängt werden konnten, bestimmten die Lebensregeln. Dementsprechend konnten sie mit der Religion, mit bestimmten Personen, ihrem Rang, dem Lebenszyklus, mit Festen und Dingen verbunden sein. Die Priester selbst und ihr Hab und Gut waren tabu, da sie durch ihre Verbindung zu den Göttern voll unberechenbarer Kraft waren. Das Übertreten eines Tabus konnte schwere Folgen haben, zum Beispiel, wenn ein Rangniederer über den Kopf eines liegenden Häuptlings hinwegstieg. Der Häuptling konnte dabei sein Mana verlieren, der Übeltäter dagegen sein Leben. Alle negativen Vorkommnisse wurden auf die Überschreitung von Tabus und auf die Bestrafung durch einen Gott zurückgeführt. Tabus waren jedoch nicht nur mit dem Mana verbunden, sondern galten auch als allgemeine Regelung der Ordnung. Sie existierten zahlreich in allen möglichen Lebensbereichen, beispielsweise als striktes Bruder–Schwester–Meidungs–Gebot oder Nahrungsmitteltabus zu besonderen Anlässen. Die Tabuvorschriften waren tief im Bewußtsein der Menschen verankert, und wenn etwas Unvorhergesehenes geschah, wurde die Ursache meist im Überschreiten eines Tabus und der Verärgerung eines Gottes gesehen.

Das Aufeinandertreffen der traditionellen Religion und des Christentums

Bis zur Mitte des 19. Jh. war es den wesleyanischen Methodisten gelungen, die Fijianer, Samoaner und Tonganer fast vollständig zum Christentum zu bekehren. Ihre Strategie war in den drei Ländern dieselbe. Die Missionare brachten den Häuptlingen größten Respekt entgegen und stellten deren Autorität nie offen in Frage, denn ohne deren Unterstützung war kein Erfolg möglich. Mittelpunkt bei der Zerstörung der heidnischen Religion waren die

Priester und ihr Mana. Geschickt machten sich die Missionare das Konzept des Mana von Erfolg und Überprüfbarkeit der besonderen Fähigkeiten zunutze. Sie forderten die traditionellen Priester und Heiler immer wieder heraus, ihre Macht unter Beweis zu stellen. Ein Beispiel war die Heilung der von den Europäern eingeschleppten Krankheiten wie Masern und Grippe. Als die Anrufung der Götter um Hilfe und die traditionellen Behandlungsmethoden fehlschlugen, konnten die Missionare mit ihren europäischen Heilmitteln den Beweis für *ihr* Mana und die Macht *ihres* Gottes beibringen. Dies hatte entscheidenden Einfluß auf die Bereitschaft der Insulaner, zum Christentum überzutreten.

Die Missionierung geschah jedoch nicht immer ohne Zwischenfälle: 1863 entstand in Samoa ein Kult, der sowohl Elemente aus der traditionellen Religion wie aus dem Christentum aufwies. Siovili, der Prophet, sagte den Weltuntergang und die Ankunft eines Messias voraus, der als Sohn eines „Himmelsgottes" galt und in Anlehnung an den Namen Jesus „Sisu Alaisa" genannt wurde. Dieser würde in naher Zukunft für die Gläubigen eine Menge Lebensmittel und Waren der Weißen mitbringen, während die Ungläubigen zu sterben hätten. Als der Messias jedoch nicht erschien, wandten sich viele von Siovili ab. Trotz der Versuche der Missionare, ihn zu unterbinden, bestand der Kult jedoch einige Jahre weiter.

Heilserwartungskulte wie dieser traten in Melanesien und Polynesien und auch sonst auf der ganzen Welt auf. Sie kennzeichnen meist das Aufeinandertreffen von zwei unterschiedlichen Glaubensmustern, die in den Verheißungen vermischt werden. Ähnliche Kulte oder Protestbewegungen gegen die durch Kolonialismus und Missionierung entstandene neue Ordnung entstanden auch in Fiji und Tonga. Sie waren jedoch eher politisch oder wirtschaftlich motiviert.

Mit der Zerstörung der traditionellen Religionen sind auch die damit verbundenen Tabus weitgehend verschwunden, und Werte und Normen haben sich nach christlichem Vorbild verändert. Das Wort „Tabu" existiert auch heute noch im christlichen Sinne von „heilig" weiter. So wird die Bibel als Tabu-Buch bezeichnet, und der fijianische Sonntag heißt „Siga Tabu" – Heiliger Tag.

Obwohl heute fast alle Insulaner eifrige Christen sind und offiziell nicht mehr an die traditionellen Götter und Geister glauben, ist ihre Furcht vor unsichtbaren Wesen noch oft zu bemerken. So vermeidet man es, bei Dunkelheit in die Nähe eines Friedhofes zu gelangen oder in den Busch zu gehen, denn die Nacht ist das Reich der Geister und Dämonen.

6. Die Geschichte der Inseln

Mündlich überlieferten die schriftlosen Gesellschaften Tongas, Samoas und des Fiji-Archipels die Legenden und Mythen ihrer Vorfahren und Götter und ihre komplizierten Genealogien. Auf allen drei Inselgruppen bezeugen die Überreste von jahrhundertealten Festungsanlagen und Schutzwällen, daß kriegerische Auseinandersetzungen häufig waren und die Inseln auf eine bewegte Geschichte zurückblicken, von der wir heute leider nur sehr wenig wissen.

Die Europäer kommen

Den Europäern ist der pazifische Ozean erst im 16. Jahrhundert durch die Fahrten von Núñez de Balboa und Magellan bekannt geworden. Ihnen folgten hundert Jahre später holländische Seefahrer wie Abel Janszoon Tasman, der 1642 Fiji sichtete und für kurze Zeit an der tonganischen Küste vor Anker ging. Seinen Landsmann Jacob Roggeveen verschlug es 1722 in die samoanischen Gewässer. Andere Schiffe kamen, doch die Besatzungen hatten kaum Kontakt mit den Inselbewohnern. Erst um 1800 gelangten Fremde häufiger auf die Inseln: Schiffbrüchige, Deserteure und entlaufene Sträflinge. Ihnen folgten die Walfänger und Handelsschiffe. Zunächst kamen sie nur, um Wasser und Lebensmittel aufzunehmen, bald handelten sie Sandelholz und getrocknete Seegurken ein, die in Indien und China hohe Preise erzielten. Zwischen 1805 und 1813 wurde so Fijis gesamter Sandelholzbestand vernichtet. Apia, Levuka, Mu'a bzw. Nuku'alofa und später Pago Pago waren den Seefahrern bald als Häfen mit freundlich gesonnenen Häuptlingen bekannt. Gegen Gebühren garantierten diese den Schutz und die Versorgung der Schiffe, mit ihnen tauschten die Händler Werkzeuge und die in Fiji als rituelle Tauschobjekte (Tabua) begehrten Walzähne. Da die Häuptlinge aufgrund ihrer Privilegien über die Verteilung der neuen Prestigegüter verfügten, blieben politische Konsequenzen nicht aus. Über Jahrzehnte wüteten Kriege auf Samoa, Tonga und Fiji, wo Häuptlinge um territoriale Vorherrschaft und Titel kämpften. Auffallend oft lagen die politischen Zentren der nach Vorherrschaft strebenden Häuptlinge in Gegenden, die über eben jene günstigen Häfen verfügten. Um die Kriege führen zu können, verkauften Häuptlinge Land an europäische Handelsgesellschaften und Siedler. Um 1840 stand den Inselbewohnern eine immer größer werdende Zahl von Europäern gegenüber, die ihre jeweiligen Interessen entschieden verfolgten und mehr und mehr Einfluß auf das Geschehen dort nahmen. Die Häuptlinge ihrerseits übernahmen mehr und mehr die Vorstellungen der Europäer, wie ihre Einflußgebiete dauerhaft zu sichern seien. Ihren Versuchen nach 1850, Regierungen zu bilden, liegt ansatzweise das Konzept des europäischen Nationalstaates zugrunde.

Doch nicht nur die Walfänger, Händler und Siedler brachten Unruhe in das Leben auf den Inseln. Im Jahre 1797 erreichten christliche Missionare die Tonga-Inseln, knapp 40 Jahre später nahmen sie ihre Missionstätigkeit in Fiji und Samoa auf. Dort bemühten sie sich zunächst darum, die großen Häuptlinge zu bekehren. Um 1870 waren zwei Drittel aller Bewohner Fijis und die meisten Tonganer und Samoaner offiziell zum Christentum übergetreten. Die neue Religion wurde von vielen als Quelle heiliger Macht angesehen, ähnlich dem Mana der Polynesier. In Samoa und Tonga konnte der Schöpfungsgott Tagaloa mühelos in den Christengott übertragen werden. Schwieriger war das in Fiji, dessen Bergstämme keinen obersten Gott kannten. Der Christianisierung widersetzten sie sich am längsten. Mit den Missionaren verschwanden die alten Idole und Tempel, an ihre Stelle traten Bibel und Missionsschulen. Christlich-puritanische Moralvorstellungen hielten Einzug in das dörfliche Leben und veränderten viele Gewohnheiten.

Die Teilung der Samoa-Inseln

Als die Europäer sich in Samoa etablierten, führten die Inselbewohner Krieg. Samoa war zu jener Zeit in vier Distrikte unterteilt, zu denen fünf hohe Titel gehörten, auf die verschiedene Familien Anspruch erhoben. Manchmal gelang es einer Familie, alle Titel auf sich zu vereinen und ihr Oberhaupt wurde damit Tupu o Samoa, der oberste Häuptling von Samoa. Nach dem Tode des Tupu o Samoa mit Namen Malietoa Vai'inupo im Jahre 1841 waren um die Nachfolge der Titel blutige Kämpfe entbrannt, die sich auf die Familien der Tupua und der Malietoa konzentrierten. Mit Unterbrechungen hielten diese Kämpfe das ganze Jahrhundert über an. Um ihre Kriege führen zu können, verkauften viele der Beteiligten Land an die europäischen Siedler, die in Apia von den Konflikten kaum berührt wurden.

Das Hamburger Handelshaus Godeffroy war der größte Landbesitzer in Samoa. Seit 1856 in Samoa ansässig, hatte es ein weitverzweigtes Netz von Handelskontoren und Plantagen über den gesamten Pazifik gespannt. Vertreten durch den deutschen Konsul Theodor Weber kaufte Godeffroy auf Upolu über 30 000 ha Land für ausgedehnte Kokosplantagen. Als Godeffroy Bankrott machte, ging das Unternehmen 1879 in die halbstaatliche Deutsche Handels- und Plantagengesellschaft der Südsee-Inseln zu Hamburg (DH & PG) über.

Neben Deutschland zeigten noch andere Nationen Interesse an den Samoa-Inseln: Die Amerikaner nutzten den Hafen Pago Pago als Kohlestation für ihre Schiffe, und britische Missionare waren tätig. Sie versuchten die samoanischen Konflikte zu ihren Gunsten zu beeinflussen, indem sie unterschiedliche Anwärter für einen Titel unterstützten. Beinahe wäre es zu kriegerischen Auseinandersetzungen zwischen den drei Mächten gekommen. Eine Konferenz der Kolonialmächte in Berlin im Jahre 1889 konnte die Spannungen jedoch vorläufig beilegen, und man einigte sich auf ein Dreierprotektorat von Deutschland, Großbritannien und den USA über die Samoa-Inseln. Das Abkommen sah eine samoanische Regierung unter Malietoa Laupepa vor und gab den drei Konsuln Verwaltungsautorität über die Stadt Apia. Die Spannungen jedoch schwelten weiter. Einige Jahre später verzichtete England auf seinen Anspruch im Ausgleich für Tonga, und 1899 wurde Samoa aufgeteilt an die beiden Mächte USA, denen Ost-Samoa zufiel, und Deutschland, das West-Samoa erhielt.

Samoanische Gegenstrategien

Die Samoaner legten 1860 ihre Titelkämpfe vorläufig bei, und hohe Matai richteten einen Rat ein, um ihre Interessen gegenüber den Europäern besser zu vertreten. Ihr Rat tagte in Mulinu'u nahe Apia, das als neutraler Ort betrachtet wurde. Da jedoch immer wieder Streitigkeiten um die Titelnachfolge die Einheit bedrohten, zogen sie 1873 den amerikanischen Gesandten Steinberger als Berater hinzu. Mit seiner Hilfe arbeiteten sie eine Verfassung aus, die den Konflikt um die Titelnachfolge endgültig lösen sollte. Ein Parlament wurde eingerichtet und ein König eingesetzt, der alle vier Jahre abwechselnd aus der Familie der Malietoa und aus der Familie der Tupua gewählt werden sollte. Der erste König wurde Malietoa Laupepa.

Steinbergers Engagement jedoch rief bei den anderen Weißen Mißtrauen hervor, die befürchteten, daß eine Einheit der Samoaner ihren Interessen schaden könnte. Es gelingt ihnen, Malietoa Laupepa zu beeinflussen, der für die Ausweisung Steinbergers sorgte. Die Matai, verärgert über Laupepas eigenmächtiges Vorgehen, setzten ihn kurzerhand ab. Drei Jahre später stürzten die Anhänger Laupepas wiederum die samoanische Regierung, die unter Steinberger entstanden war. Die Konflikte zwischen den Familien der Tupua und der Malietoa flammten wieder auf und wurden erst mit dem Tode Malietoa Laupepas (1898) beendet. Tupua hatte bereits zuvor seine Anhänger an einen dritten Kontrahenten, Mata'afa Iosefo, verloren. Mata'afa hatte damit den Machtkampf unter den samoanischen Familien für sich entschieden und wurde als Oberhaupt der Samoaner von der deutschen Kolonialverwaltung anerkannt.

Kolonialzeit

Die deutsche Kolonialverwaltung unter Gouverneur Solf beließ den Rat der Matai in Mulinu'u als beratendes Organ. Zwar war Solf von ähnlich paternalistischen Gefühlen für die Samoaner bewegt, wie sein Amtskollege Gordon in Fiji, das hinderte ihn jedoch nicht an der rigorosen Verwaltung der Dörfer. Aus den Reihen der Matai ernannte er Polizisten und Bürgermeister, Richter und Amtmänner, die die Distrikte und Dörfer einer strengen Gerichtsbarkeit unterwerfen sollten.

Das in samoanischer Hand verbliebene Land (knapp 80 % des Bodens) war bereits seit 1889 als unverkäuflich anerkannt, und ihre überkommenen Landrechte konnten die Samoaner weiterhin anwenden. Die Deutsche Handels- und Plantagengesellschaft sah die Unverkäuflichkeit des Landes nicht ungern, da sie der Ankunft deutscher Siedler ablehnend gegenüber stand. Sie wollte als größte Landbesitzerin das Monopol für den Koprahandel behalten. Ungern dagegen sah sie es, als Samoaner begannen, eine eigene Kooperative zur Vermarktung von Kopra aufzubauen.

Das deutsche Intermezzo fand ein abruptes Ende, als 1914 die Neuseeländer Samoa besetzten. Jetzt erhielten die Dörfer ihre Autonomie zurück, denn niemand bezahlte mehr die Amtspersonen. Die wenigen deutschen Siedler hatten sich derweil fest in Samoa verankert und auch gelegentlich in samoanische Familien eingeheiratet. Mit der „Firma“ war es jedoch vorbei: die Plantagen der DH & PG gingen in neuseeländischen Besitz über und gehören heute dem samoanischen Staat. Von 1914 bis 1920 blieb West-Samoa unter Militärverwaltung der Neuseeländer. Danach wurde es neuseeländisches Mandatsgebiet des Völkerbundes und später der Vereinten Nationen. 1962 sollte West-Samoa als erstes kolonisiertes Land im Pazifik seine Unabhängigkeit wiedererlangen.

Die Mau o Pule und nationale Identität

Zu dieser Zeit hatten die West-Samoaner ein starkes nationales Bewußtsein entwickelt, dem sie ihre alten Konflikte um die Titelnachfolge untergeordnet hatten. Der Wunsch der Samoaner nach politischer Eigenständigkeit begann mit der Koloniewerdung. Als der deutsche Konsul Solf 1904 das Parlament der Matai eigenmächtig auflöste, formierten führende Matai den Widerstand. Solf gelang es durch militärische Überlegenheit, die Bewegung, die sich Mau o Pule nannte, zu unterdrücken. Die Anführer ließ er deportieren. Als die Samoaner immer häufiger Beschneidungen ihrer Rechte hinnehmen mußten und die neuseeländische Verwaltung sich 1920 unfähig erwiesen hatte, eine Grippeepidemie zu verhindern, die 8500 Menschen das Leben kostete, lebte die Bewegung wieder auf. Führende Matai und in Samoa ansässige Siedler, die der neuseeländischen Verwaltung nicht wohl gesonnen waren, demonstrierten einträchtig miteinander für nationale Selbstbestimmung. Ihre Demonstrationen waren gewaltlos, doch die Neuseeländer reagierten mit brutaler Härte, verhafteten und deportierten, und erschossen im Jahre 1929 wahllos elf Menschen. Erst nachdem in den 30er Jahren die neuseeländische Labour Party die Deportationen einstellte, entspannte sich das Verhältnis.

Die Kohlestation Tutuila auf Amerikanisch-Samoa

Der Ostteil Samoas wurde von den Rivalitäten der Großmächte und von den Titelkämpfen, wie man sie von West-Samoa kennt, nur wenig berührt. Die Häuptlinge von Tutuila kamen als Rivalen nicht infrage, da sie rangmäßig den westlichen Inseln unterlegen waren, und die Inselgruppe Manu'a blickte seit dem 13. Jahrhundert auf eine vom restlichen Samoa unabhängige Geschichte zurück. Zu den östlichen Inseln zog es mit Ausnahme der Missionare der London Missionary Society nur wenige Weiße, deren Interesse der Hafen von Pagopago war. Im Jahre 1872 hatte die amerikanische Regierung einen Vertrag mit Häuptling Mauga von Tutuila geschlossen, der ihnen die exklusive Nutzung des Hafens als Kohlestation für ihre Dampfschiffe einräumte. Auf den Hafen konzentrieren sich die Interessen der Amerikaner bis heute: im Zweiten Weltkrieg diente er als Marinestützpunkt, seit den 60er Jahren ist er Standort der amerikanischen Thunfischindustrie.

1899 sprachen die Kolonialmächte den Osten Samoas den USA zu. Bis 1951 blieben die Inseln dem Marineministerium unterstellt, dann zogen die USA ihren Stützpunkt dort ab. Die unumschränkte Macht des Marinekommandanten und die amerikanische Rechtsprechung sorgten bald dafür, daß die Autorität der Matai geschwächt wurde. Sie hatten keinerlei Mitspracherecht bei den Entscheidungen des Kommandanten und waren als Distriktgouverneure an seine Weisungen gebunden. In den 20er Jahren griffen einige der führenden Matai die Ideen der Mau-Bewegung nach mehr Mitbestimmung auf und forderten eine zivile Verwaltung mit größerer politischer Beteiligung der Samoaner. Großen Rückhalt fand die Bewegung unter den Samoanern jedoch nicht. Erst 1948 wurde ein Rat der Matai (Fono) dem US-Kommandanten als beratendes Gremium zur Seite gestellt. Drei Jahre später wurden die Inseln der Verwaltung des Innenministeriums der USA unterstellt, und 1956 ernannte Washington mit Peter Tali Coleman erstmals einen Samoaner für den Posten des Gouverneurs. 1960 erhielt Ost-Samoa den Status eines „unincorporated and unorganized territory“ der USA, ein Status, der Am. Samoa die geringste innere Autonomie aller amerikanischen Überseeterritorien zubilligt. Die Samoaner sind als quasi-Staatsbürger anerkannt, dürfen jedoch nur innerhalb ihres eigenen Territoriums wählen.

Landrechte und Lebensweise der Samoaner blieben von der amerikanischen Verwaltung weitgehend unberührt. Das Leben in den Dörfern fernab von Pago Pago ging seinen gewohnten Gang bis die amerikanischen Soldaten im Zweiten Weltkrieg mit ihrer Musik und ihren Dollars den Wunsch nach einem modernen Leben in die Dörfer brachten. Mit dem Ende des Krieges begann eine massenhafte Abwanderung der Samoaner von ihren Inseln auf das amerikanische Festland und nach Hawaii, wo heute fast doppelt soviele von ihnen leben wie zu Haus.

Der Weg Fijis zur britischen Kolonie

Die herausragende Persönlichkeit in der fijianischen Geschichte war Häuptling Cakobau. Ihm war es gelungen, große Gebiete aus tributpflichtigen und befreundeten Stämmen unter seiner Herrschaft zusammenzufassen. Immer wieder jedoch standen Cakobau abtrünnige Häuptlinge aus den Gebieten Rewa, Macuata, Verata und Ovalau gegenüber. Um seine Vorherrschaft über das Gebiet zu festigen, führte er ständig Kriege und schloß aufwendige Allianzen, die er nur mittels kostspieliger Geschenke aufrechterhalten konnte. Dadurch geriet er zunehmend unter den Einfluß der Weißen, die nach 1840 in immer größerer Zahl ins Land kamen. Ihre Kopra-, später Baumwoll- und Zuckerrohrplantagen im Rewa- und Sigatoka-Tal und der Hafen Levuka lagen in seinem Einflußgebiet. Cakobau gewährte ihnen Schutz und sicherte sich durch Landverkäufe ihre Güter und Waffen. Durch seine Abhängigkeit war er für die Siedler zu einer berechenbaren politischen Größe geworden. Sie drängten ihn ihrerseits zu einer funktionstüchtigen Regierung, da sie die kriegerischen Bergstämme, die immer wieder ihre Plantagen überfielen, fürchteten. Cakobau sollte sie unterwerfen und ihnen Ruhe verschaffen. Die Situation spitzte sich zu, als zwischen 1850 und 1855 die Lovoni-Stämme mehrmals die Hafenstadt Levuka überfielen und in Brand steckten. 1855 erhoben sich die Stämme auf Kaba, die Cakobau nur mit tonganischer Waffenhilfe unterwerfen konnte. Seine Position schwächte sich zunehmend, er selbst war krank. Gleichzeitig drohte der amerikanische Konsul mit militärischen Sanktionen durch ein vor Anker liegendes Kriegsschiff: Cakobau war für Plünderungen an amerikanischem Besitz verantwortlich gemacht worden und hatte außerdem ein Kriegschiff gekauft, das er nicht bezahlen konnte. Auf Anraten des britischen Konsuls Pritchard bot Cakobau im Jahre 1858 Fiji der englischen Krone an. Als Gegenleistung wünschte er, als oberster Häuptling von Fiji eingesetzt zu werden. Außerdem sollte die britische Regierung seine Schulden bei den Amerikanern begleichen. Die Engländer lehnten das Angebot ab.

In den folgenden Jahren versuchte Cakobau mehrmals und erfolglos, Regierungen einzusetzen, um seine eigenen Interessen mit denen der Siedler zu vereinbaren. Aber es gelang ihm nicht, den Landstreitigkeiten unter Siedlern und Fijianern, den chaotischen Zuständen in der Hafenstadt Levuka und den Überfällen der Bergstämme auf Siedler ein Ende zu setzen. Mittlerweile war die Zahl der Weißen auf mehrere Tausend angestiegen, die, je zahlreicher sie wurden, desto weniger bereit waren, Cakobau bei seinen Bemühungen zu helfen. Vor allem die britischen und australischen Siedler drängten immer nachhaltiger auf eine koloniale Verwaltung der Inseln. Im Jahre 1874, motiviert durch neue kolonialpolitische Ziele, erklärte die britische Regierung Fiji zur Kolonie. Wie er es gewünscht hatte, wurde Cakobau als oberster Häuptling eingesetzt und erhielt eine Rente. Gouverneur der Inseln wurde Sir Arthur Gordon.

Der dreibeinige Stuhl: Briten, Fijianer und Inder

Erste Amtshandlung Gordons war die militärische Unterwerfung der Bergstämme. Sein nächster Schritt war die Lösung der Landfrage. Streitigkeiten zwischen den Fijianern und den Siedlern über Landverkäufe und Nutzungsrechte hatten auf beiden Seiten Verbitterung entstehen lassen. Mit dem Landrechtsgesetz von 1880 wurde alles Land, das sich in fijianischer Hand befand, als unveräußerlich festgeschrieben und bisherige Landverkäufe wurden überprüft. Ein Gutteil mußte an die Fijianer zurückgegeben werden, denen damit der Besitz von 83 % des Bodens garantiert wurde. Das meiste bereits veräußerte Land blieb aber in den Händen der Siedler, die sich der besten und fruchtbarsten Stücke versichert hatten.

Gouverneur Gordon war es auch, der mit der Anwerbung indischer Vertragsarbeiter für die Plantagen der Siedler und der Colonial Sugar Refining Company (CSR) begann. Die CSR war das größte Unternehmen im Land und besaß das meiste Land. Indische Arbeiter schienen ihm besser geeignet, die harte körperliche Arbeit auf den Zuckerrohrfeldern und in den Mühlen zu tun als die Fijianer, mit denen Gordon eine eigenartige Mischung aus Paternalismus und Respekt vor ihren Traditionen verband.

Um eine effektive Verwaltung der Kolonie zu gewährleisten und zugleich soweit wie möglich die sozialen Zusammenhänge unter den Fijianern zu erhalten, etablierte der Gouverneur die

„Fijian Administration", eine weitgehende Selbstverwaltung unter der Leitung der Häuptlinge. Deren Stellung innerhalb der fijianischen Gesellschaft blieb davon nicht unbeeinflußt: Während die fijianische Bevölkerung bis in die Mitte des 20. Jahrhunderts fast unberührt von den wirtschaftlichen und politischen Veränderungen in ihren Dörfern lebte, stiegen Einfluß, Status und Macht der Häuptlinge. Sie erhielten einen Anteil von allen Einnahmen, die den fijianischen Landbesitzern aus Verpachtungen an indische Bauern zuflossen. Kinder von Häuptlingen, vor allem von den Inseln Bau und Lau, waren die ersten Fijianer, die weiterführende Schulen besuchten und Posten in der Verwaltung und später in politischen Ämtern bekamen. Während der gesamten Kolonialzeit arbeiteten sie eng mit der Kolonialverwaltung zusammen und übten starke Autorität über die fijianische Bevölkerung aus. Bis heute sind sie die politische Elite des Landes. Der indischen Bevölkerung, obwohl seit den 20er Jahren das wirtschaftliche Rückgrat des Landes, gelang es nie, großen politischen Einfluß zu gewinnen. Sie war zwar im kolonialen Parlament vertreten, gegenüber Fijianern und Briten aber immer in der Minderheit. Ihre einzige Einflußmöglichkeit waren Gewerkschaften und Streiks, mit denen sie der fijianischen Wirtschaft mehrmals schwer zu schaffen machten. Als Fiji 1970 die Unabhängigkeit erlangte, sorgten die fijianischen Häuptlinge dafür, daß ihre Privilegien und die Vorherrschaft fijianischer Interessen, die bereits Gouverneur Gordon zu seiner Leitlinie gemacht hatte, fest in der Verfassung verankert wurden.

Das Königreich Tonga unter britischem Protektorat

Zum Zeitpunkt der ersten Kontakte mit europäischen Seefahrern Ende des 18. Jahrhunderts war Tonga in die Einflußbereiche von drei Herrscherfamilien aufgeteilt: Tongatapu im Süden, Ha'apai im Zentrum und Vava'u im Norden. Rivalitäten zwischen den drei Herrscherlinien um Einfluß und Macht und um den höchsten Titel überzogen das Land mit ständigen Kriegen. Sie zogen sich von 1799 bis 1826 hin, bis sich schließlich der Ad-

Abb. 3: Den königlichen Palast ließ sich George Tupou I. im Jahre 1867 ganz aus Holz erbauen. Bis heute lebt hier die königliche Familie. (Foto: Tourism Council of the South Pacific)

lige Taufa'ahau als Alleinherrscher durchsetzen konnte. 1845 wurde er unter seinem christlichen Namen George Tupou I. zum König gekrönt, und seine Regentschaft dauerte bis 1893. 30 Jahre lang stand ihm ab 1860 der methodistische Missionar Shirley Baker als Vertrauter, Berater, Finanzverwalter und später als erster Ministerpräsident des Staates Tonga zur Seite. Während ihrer Herrschaft legten sie die Grundlage des modernen Staates Tonga. Die Beziehung zwischen den beiden Männern war schwierig. Sie war geprägt von einer Art Haßliebe und gegenseitiger Abhängigkeit, politisch aber bildeten sie eine Symbiose: König George Tupou war der Stratege, der den Weg der neuen Entwicklung aufzeigte, Baker der Taktiker, der die Ideen zur Ausführung brachte. Beiden gelang es, Tonga aus den Rivalitäten der Großmächte weitgehend herauszuhalten und dem Staat mit modernen Gesetzen und Verordnungen eine solide Grundlage zu verschaffen.

Staatsgründung und Protektoratsstatus

Die Einführung der Geldwirtschaft und neuer Gesetze Tupous I. brachten einschneidende Veränderungen in der tonganischen Gesellschaft. Zunächst beschnitten die Gesetze die fast absolute Macht der Adligen über die Mehrheit des Volkes und sicherten dem Staat Steuereinnahmen. Hatte das Volk bisher einen Teil der Ernteerträge an die Adligen abliefern und für sie arbeiten müssen, so wurden diese Verpflichtungen jetzt abgeschafft. Ihre Arbeit mußte nun von den Adligen mit Geld entlohnt werden. Zusätzlich wurde eine Kopfsteuer von 3 $ pro Jahr eingeführt, die jeder erwachsene Tonganer und Ausländer an den Staat zu zahlen hatte. Der Staat wiederum zahlte den Adligen aus diesen Einnahmen ein Gehalt, um sie für die Einbußen zu entschädigen, die ihnen durch die Autonomie der einfachen Tonganer entstanden. Die Adligen wurden ferner verpflichtet, jedem männlichen Untertanen zwei Stück Land zum Wohnen und zur landwirtschaftlichen Bebauung zur Verfügung zu stellen. Mit der Zahlung einer geringen Pachtsumme erhielt der Pächter die Sicherheit der unbegrenzten Landnutzung und das Recht, das Land an seine Witwe und Nachkommen zu vererben. Jeder neue Pächter hatte 200 Kokospalmen anzupflanzen, um die Steuerzahlung zu sichern – eine Regelung, die bis heute gilt. Der Verkauf von Land sowohl an Einheimische wie an Ausländer wurde gesetzlich verboten. Die neuen Gesetze bewirkten, daß Tonga zeitweise der größte Produzent von Kopra im Pazifik war. Der wirtschaftliche Erfolg der tonganischen Produzenten zog weiterhin europäische Pflanzer und Händler an, vor allem Briten und Deutsche, die sich in Tonga niederließen.

Innenpolitisch stießen die Neuerungen jedoch auf Mißmut. Viele der tonganischen Adligen waren verärgert, daß ihre Macht auf diese Art beschnitten wurde. Die Europäer waren übelgesinnt, weil sie kein Land erwerben konnten und zudem noch Steuern zahlen mußten. Diese beiden oppositionellen Gruppen taten sich zusammen und intrigierten immer wieder gegen die Regierungspolitik, verweigerten die Steuerzahlung, organisierten Proteste und riefen Großbritannien zu Hilfe, um ihre Interessen durchzusetzen. Auseinandersetzungen zwischen ihnen und den Königstreuen waren die Folge. Sie machten sich auch an der Person des Missionars und Königsberaters Baker fest, dem eine zu starke Vermischung von Religion, Politik und Wirtschaft vorgeworfen wurde. Als die Konflikte zu eskalieren drohten und der König eine Annexion von Seiten Großbritanniens (GB) zum Schutz der britischen Bürger befürchtete, hielten König Tupou I. und Baker es für notwendig, die Unabhängigkeit Tongas formell festzuschreiben. Sie erließen 1875 eine Verfassung nach britischem Vorbild und erreichten dadurch die Anerkennung als souveräner Staat, zunächst vom Deutschen Reich, später auch von GB und den USA. Die Strukturreformen Tupous I. waren damit jedoch noch nicht abgeschlossen. Der König verschaffte sich eine loyale Machtbasis, indem er das gesamte Land Tongas per Gesetz in seinen Besitz brachte und eine neue gesellschaftliche Schicht schuf, deren Vertreter den Namen „Nopele" erhielten. Er ernannte 33 Familienoberhäupter aus der Schicht der Adligen, denen er den Großteil des Landes für die Weiterverpachtung übertrug. Er verärgerte damit jedoch eine ganze Reihe traditionell mächtiger Adliger, deren Einfluß schwand und die zu mißtrauischen Kritikern des Staates wurden. Auf seine 33 Nopele konnte er sich jedoch verlassen.

Nach dem Tod George Tupou I. im Jahre 1893 übernahm sein Enkel George Tupou II. für 25 Jahre die Regentschaft. Er ernannte den nichtadligen Sateki zum Ministerpräsidenten. Obwohl der König ihn protegierte und ihn sogar in den Adelsstand erhob, empfand der Adel die Ernennung eines Ranglosen zum Regierungschef als einen Anschlag auf seine Ehre. Sateki konnte die wiederauflebenden innertonganischen Rivalitäten und Konflikte, in die sich auch die Weißen wieder einmischten, nicht eindämmen. Ihr Einfluß und GBs Furcht vor einer Annexion durch andere Mächte führten 1899 zum Abschluß eines Vertrages, der Tonga unter die Protektion von Großbritannien stellte, ohne das Land zur Kolonie zu machen. Der Vertrag sicherte GB die Kontrolle über die Außenpolitik und die Gerichtsbarkeit über alle Ausländer nach britischem Gesetz zu; die Bereiche Zölle, Besteuerung, Gesundheit und Polizei waren jedoch davon ausgenommen. Ferner erhielt GB freien Zugang zu den Häfen und tonganischen Gewässern. Vertreter der britischen Krone war ein Konsul.

Die Zeit der Konsolidierung

1918 trat die 18jährige Tochter des Königs Tupou II. als Königin Salote Tupou III. die Regentschaft an. Ihr oberstes Ziel, die zerstrittene Nation zu einigen, erreichte sie z. B. dadurch, daß sie die Wesleyanische Kirche, die seit Bakers Zeiten gespalten war, vereinte. Salote setzte sich für die Belange der Frauen ein und versuchte, ihnen mehr Unabhängigkeit zu verschaffen. Sie gründete Frauenkooperativen für Kunst- und Gebrauchshandwerk. Unter ihrer Herrschaft wurden die tonganischen Bildungsmöglichkeiten verbessert: 1929 wurden staatliche Stipendien zum Schul- und Universitätsbesuch eingeführt und Mitte der 40er Jahre das Queen Salote College gegründet, die erste höhere Mädchenschule. In die Regierungszeit der Königin fallen weitreichende Infrastrukturmaßnahmen, wie z. B. der Bau von Straßen, Wassertanks und Funkstationen, der Ausbau des Hafens und die Verbesserung der medizinischen Versorgung. Ihr Familienplanungsprogramm hatte jedoch wenig Erfolg, und sie fand keine Lösung für das sich bereits in den 50er Jahren ankündigende Problem wachsender Bevölkerung und steigender Arbeitslosigkeit.

Der Protektionsvertrag zwischen GB und Tonga wurde 1958 und 1967 zugunsten größerer Selbstverwaltungsrechte Tongas geändert. Erst 1970 erhielt das Land die völlige Unabhängigkeit und schloß sich dem Commonwealth of Nations an. Die Verbindung zur englischen Krone wurde immer als wichtig angesehen und gepflegt. Königin Salote erregte Aufsehen, als sie in ihrer stattlichen Erscheinung, mit einer 600 Jahre alten Matte bekleidet, an den Krönungsfeierlichkeiten von Queen Elizabeth teilnahm. Sie eroberte die Herzen der Engländer im Sturm, wie sie auch in Tonga eine ungewöhnlich beliebte und geachtete Monarchin war. Königin Salote, die „Mutter der Nation", starb 1965 nach 47jähriger Regentschaft. Ihr ältester Sohn, der heute noch regierende König Taufa'ahau Tupou IV., übernahm die Thronfolge.

7. Die Inder in Fiji

Kommt man mit dem Flugzeug in Fiji an, fallen gleich die vielen Fijianer indischen Ursprungs auf. Denn der Internationale Flughafen in Nadi liegt in einem der Hauptwohngebiete der Indo-Fijianischen Bevölkerung: der klimatisch trockenen nordwestlichen Seite der Hauptinsel Viti Levu. Die Landschaft ist hier geprägt von Zuckerrohrfeldern und einzeln stehenden Häusern, der typischen Siedlungsform der indischen Farmer. Das Leben auf den Farmen ist hart, und die Arbeitskräfte reichen meist nicht aus, obwohl auch die Kinder und alten Leute mit anpacken. Viele der Farmer leben am Existenzminimum und können sich nicht einmal drei Mahlzeiten am Tag leisten, von notwendigen Investitionen ganz zu schweigen. Einzelne Familienmitglieder mögen neben dem Familienbetrieb auf der Farm noch anderen Beschäftigungen in nahe gelegenen Städten oder Hotels nachgehen und ihren Teil zum Lebensunterhalt beitragen. Doch nicht alle Inder leben auf dem Land; rund ein Drittel sind Farmer, der Rest arbeitet im Handel, als Handwerker und Industriearbeiter, in der Verwaltung oder in akademischen Berufen – vor allem als Lehrer, Ärzte und Rechtsanwälte.

Kontraktarbeiter aus Übersee

Um Arbeitskräfte für den Zuckerrohranbau zu bekommen und damit die wirtschaftliche Entwicklung zu fördern, warb der britische Gouverneur Gordon indische Kontraktarbeiter an, mit denen er schon gute Erfahrungen in Mauritius und Trinidad gemacht hatte. Denn das Anliegen des Gouverneurs war es, die fijianische Gesellschaft vor einem zu schnellen Wandel und einer damit verbundenen Zerstörung der Traditionen zu bewahren. Hinzu kam, daß die Fijianer nicht als sehr zuverlässige und effektive Arbeitskräfte galten. Zwischen 1879 und 1916 kamen etwa 62800 Inder nach Fiji. In Indien unterschrieben sie fünfjährige Arbeitsverträge, die ihnen freie Überfahrt und Unterkunft, aber einen geringen Lohn versprachen. Nach weiteren fünf Jahren

Arbeit in den Pflanzungen wurde ihnen die kostenfreie Rückreise nach Indien garantiert. Vorwiegend gingen junge Männer zwischen 20 und 30 Jahren nach Fiji, von denen etwa 40 % ihre Frauen mitbrachten. Die Lebens- und Arbeitsbedingungen der Inder waren ausgesprochen schlecht. Die Unterkünfte bestanden aus langen Baracken. In Verschlägen von 6,5 m^2 ohne Fenster mußten bis zu 3 Männer oder ein Paar mit zwei Kindern hausen. Auf den Feldern wurden sie zur Arbeit angetrieben, und Schläge, Lohneinzug, Geldstrafen und Gefängnis waren einige der gängigen Repressalien. 24 600 Kontraktarbeiter kehrten nach Indien zurück. Die meisten der verbliebenen Inder pachteten nach Erfüllung der Arbeitsverträge ein Stück Land und etablierten sich als freie Farmer. 1920 wurden die letzten Arbeitsverträge gelöst, denn Fiji hatte durch die unwürdige Behandlung der Inder und das Vorenthalten politischer Rechte einen schlechten Ruf erlangt. Folge der schlechten Behandlung waren wachsende Gewalt und eine hohe Selbstmordrate unter ihnen.

Die kulturelle Vielfalt

Die Inder in Fiji sind keine homogene Gesellschaft. Während die ersten Arbeitskräfte – rund 45 800 Menschen – im Norden Indiens angeworben wurden, kamen Anfang des Jahrhunderts noch einmal 15 000 Migranten aus dem Süden. Sie hatten es zusätzlich schwer, in Fiji Fuß zu fassen, denn sie mußten sich mit den dort bereits ansässigen Nordindern arrangieren, die sie zwangen, Hindi zu sprechen, eine Sprache, die den Sprachen Südindiens (wie Tamil, Telagu und andere) in keiner Weise ähnelte. Hindi ist auch heute noch die Lingua Franca der aus Indien stammenden Fijianer.

Die Motive, warum diese Leute ihre Heimat freiwillig verließen, scheinen nicht ganz eindeutig. Familienstreitereien, Abenteuerlust und die Hoffnung auf ein besseres Leben sind sicher einige der Gründe. Es waren Mitglieder aus allen Kasten vertreten, jedoch dominierten jene aus der Kaste des einfachen Volkes, die Ackerbau und Viehzucht betrieben, Mitglieder niedriger Kasten und Unberührbare. Die für Indien typische Unterteilung in soziale Kasten, in die die Menschen hineingeboren werden, blieb in Fiji nicht erhalten. Die Nachfahren der frühen Emigranten sind heute zum größten Teil immer noch Farmer, die Zuckerrohr anbauen oder auf andere kommerzielle Anbauprodukte umgestiegen sind.

Nach Aufhebung der Arbeitskontrakte 1920 kamen weitere Migranten aus Indien, vor allem aus der nordwestlichen Region Gujerat und dem nördlichen Punjab. Die hinduistischen Gujeratis blieben bei ihren angestammten Berufen, als Ladenbesitzer und Handwerker, Schneider, Gold- und Silberschmiede. Sie dominieren heute vor allem das Geschäftsleben in den Städten sowie den Groß- und Importhandel. Die Punjabis sind im Geldverleihgeschäft und ebenfalls im Handel tätig, sind aber auch z. B. Mechaniker und Besitzer größerer Farmen. Als Sikhs gehören sie zu einer Religion, die sowohl Elemente des Hinduismus wie des Islam vereint. Auf dem Land haben sich Sikhs oft zusammengetan und siedeln in der Nähe ihres Tempels, der gleichzeitig Treffpunkt ist. Soziale Beziehungen oder Heiraten zwischen Indern, die aus verschiedenen Regionen kommen oder einem anderen Glauben anhängen, sind wenig verbreitet. Neben der überwiegenden Mehrzahl der Hindus und der kleinen Gemeinschaft der Sikhs gibt es Moslems und auch einige Christen. Punjabis und Gujeratis haben oft gute Kontakte zu den Verwandten in Indien, und es kommt vor, daß ein junger Mann dort auf Brautschau geht und seine Ehefrau nach Fiji mitbringt.

Unterschiede der verschiedenen indischen Ethnien sind in allen möglichen Bereichen des täglichen Lebens erkennbar. So gibt es die speziellen Kochkünste und Eßtabus, Unterschiede in der Kleidung, bei Zeremonien und Festivitäten und auch im Aussehen. So haben die Menschen aus dem Süden beispielsweise eine sehr dunkle Hautfarbe, während die aus dem Norden stammenden Inder hellhäutig sind; und Sikhs erkennt man an Vollbart und Turban, die heute noch häufig getragen werden. Trotz dieser Merkmale vermischen sich die Kulturen auch in vielerlei Hinsicht. An typisch hinduistischen Festen wie Diwali oder Holi nehmen auch andere Glaubensgemeinschaften teil. In Gewerkschaften und am Arbeitsplatz trifft man sich, und auch der Sport führt viele zusammen: Fußball, Hockey und Cricket sind gerade bei jungen indischen Männern eine beliebte Freizeitbeschäftigung.

Die Beziehungen zwischen Indern und Fijianern sind geprägt von vielen kulturellen Unterschieden, Vorurteilen, Neid und historischen Ereignissen, so daß es wenige interethnische Eheverbindungen und Berührungspunkte gibt. Zwar gibt es Ausnahmen – so haben sich viele Inder z. B. das traditionelle fijianische Kavatrinken angewöhnt, sieht man häufig Fijianer und Inder gemeinsam in der Kavarunde sitzen, haben Fijianer eine Vorliebe für das indische Curry-Essen entdeckt und existieren auch persönliche Freundschaften unter ihnen. Doch ist die Kluft zwischen den Ethnien tief. Die beiden Militärcoups 1987 haben sie noch verstärkt, denn sie richteten sich gegen die Inder und brachten nationalistisch-rassistische Verhaltens- und Denkweisen vieler Fijianer zutage. Lebten die beiden Ethnien bis zu den Coups noch relativ spannungsfrei nebeneinander, so hat sich das Mißtrauen der Inder den Fijianern gegenüber verstärkt, und viele Inder emigrierten ins Ausland.

Die politische Stärke der Inder

Die Inder haben sich im Laufe der Geschichte zu einer nicht zu unterschätzenden Kraft im Staate entwickelt, sowohl in der Politik wie in der Wirtschaft. Zum einen organisierten sie sich schon früh, um z. B. in Gewerkschaften gemeinsame Interessen zu vertreten und elementare politische Rechte einzufordern. Daneben haben sie immer großen Wert auf eine gute Ausbildung ihrer Kinder gelegt. Hinzu kommt, daß sie von 1946 bis Ende der 80er Jahre den Fijianern zahlenmäßig überlegen waren und das Zuckerrohr nach wie vor der wichtigste Wirtschaftsfaktor Fijis ist: Es machte 1990 allein 50 % des Bruttoinlandproduktes und über 38 % der Exporte aus. Und – last but not least – sind die starken fijianischen Gewerkschaften untrennbar mit den Indern verbunden. Gerade die National Farmers' Union, in der die Zuckerrohrbauern und sonstigen Farmer organisiert sind, ist eine der einflußreichsten und machtvollsten Gewerkschaften Fijis.

Welche Gefahr die fijianische Nach-Putsch-Regierung, die die Vormachtstellung der Fijianer konstitutionell festgeschrieben hat, in den Gewerkschaften sieht, zeigt sich in Verordnungen, die im Mai 1991 erlassen wurden: 14 Jahre Gefängnis oder bis zu 10000 F $ Strafe droht demjenigen, der den Betrieb in den wichtigen Wirtschaftbereichen (Zucker-, Kopra-, Bergbauindustrie, Tourismus, öffentlicher Verkehr und Flugverkehr, Elektrizität und Telekommunikation) Fijis stört. Die Regierung reagierte damit auf die Drohung der National Farmers' Union, einen Boykott der Zuckerrohrernte zu veranlassen, da es Unstimmigkeiten bei der Ratenzahlung für die Ernte gab. Die Konfrontation zwischen Regierung und Gewerkschaft und vielleicht sogar ein Eingreifen der Armee konnten gerade noch abgewendet werden, indem der Präsident der Republik die Aufhebung der Verordnungen zusagte und Verhandlungen in Aussicht stellte.

III. Der Pazifische Weg – Politik und Tradition

Die vier Staaten zeigen in politischer Hinsicht viele Gemeinsamkeiten und ähnliche Spannungsfelder. In den Verfassungen Tongas und West-Samoas wurde den herkömmlichen Eliten das Privileg der politischen Entscheidungsgewalt zugestanden. Die fijianische Verfassung gibt den Häuptlingen über den Great Council of Chiefs ein Vetorecht bei allen Entscheidungen, die die fijianische Lebensweise betreffen. Ähnlich ist die Funktion des Senats in Am. Samoa. In den letzten Jahren sind Geschäftsleute, Akademiker und aus dem Ausland Zurückgekehrte, die keinen Zugang zu Rang und Titeln haben, zunehmend verärgert über die Vetternwirtschaft der alten Eliten in Wirtschaft und Politik. Sie fordern mehr politische Einflußnahme und weniger Korruption um Ämter und Posten in Verwaltung und Wirtschaft. Demgegenüber formieren sich die konservativen Kräfte, die versuchen, die überkommenen Prinzipien von Herrschaft aufrechtzuerhalten.

Die Lücke jedoch zwischen Arm und Reich vergrößert sich zusehends. Während es den traditionellen Eliten oftmals gelungen ist, sich in Bürokratie und Wirtschaft festzusetzen, bleibt der Mehrheit der Bevölkerung nur die Konkurrenz um viel zu wenige Arbeitsplätze. Noch akzeptieren wohl die meisten Menschen es, daß ihre Häuptlinge auch materiell besser gestellt sind als sie selbst. Und noch liegen kulturelles Selbstwertgefühl und etablierte politische Ordnung eng beieinander, und konservative Kreise bauen kräftig weiter an einer Ideologie, die jegliche Einschränkung der Macht der alten Eliten einem Verlust kultureller Identität gleichsetzt. Was wäre Samoa ohne seine Matai, Fiji und Tonga ohne ihre Häuptlinge und Adeligen, fragen sie. Der Respekt, der ihnen allseits erwiesen wird, sorge für eine stabile soziale Ordnung im Lande. Hinter ihrer Frage steht die Sorge, daß niemand so recht weiß, wohin eine Demokratisierung nach westlichem Vorbild führen könnte.

Auch außenpolitisch formieren sich neue politische Kräfte. Fiji, West-Samoa und Tonga verfolgten, als sie sich in den 60er Jahren von der kolonialen Bevormundung zu lösen begannen, konsequent die Politik regionaler Zusammenarbeit. Die insularen Kleinststaaten gewannen so eine bessere Verhandlungsposition gegenüber den Industrienationen und Kolonialmächten, um größere wirtschaftliche und politische Eigenständigkeit zu erlangen. Den Anfang regionaler Kooperation im Pazifik hatten die kolonialen Mächte gemacht. Großbritannien, Frankreich, Holland, Australien, Neuseeland und die USA richteten im Jahre 1947 die South Pacific Commission (SPC) ein, die Programme zur wirtschaftlichen und sozialen Entwicklung der Region beraten und miteinander abstimmen sollte. Politische Fragen hatten die Kolonialmächte wegen ihrer mannigfaltigen Divergenzen ausgeklammert. Die pazifischen Staaten waren sich einig, daß die Inselstaaten ein eigenes politisches Forum brauchten. 1971 wurde auf ihr Betreiben, finanziert von Neuseeland, erstmals das South Pacific Forum abgehalten. Nur unabhängige Pazifikstaaten sind stimmberechtigte Mitglieder, Staaten wie Am. Samoa nehmen als Beobachter teil. 1992 sind 15 Staaten Vollmitglieder, darunter Neuseeland und Australien. Auf jährlichen Treffen kommen die Staatsoberhäupter der Forumstaaten zusammen, um über wichtige politische, wirtschaftliche und ökologische Angelegenheiten zu beraten.

Das Forum hat sich sehr schnell zur bedeutendsten politischen Organisation der Region entwickelt und ihr den Industrienationen gegenüber größeres politisches Gewicht zu geben vermocht. Es unterhält mehrere funktional arbeitende Organisationen im technisch-wissenschaftlichen, im wirtschaftlichen und im Umweltbereich und betreibt eine eigene Schiffahrtslinie. Auf den jährlichen Treffen des Forums stehen politische Themen im Vordergrund, die u. a. die Dekolonisierung der noch verbliebenen abhängigen Völker im Pazifik, die atomare Bedrohung durch Frankreichs Atombombentests auf Mururoa/Tahiti und die militärische Aufrüstung der Region thematisieren. 1985 erklärte der Vertrag von Rarotonga den gesamten Südpazifik zur nuklearfreien Zone. Wie groß der Einfluß der Pazifikstaaten in internationalen Gremien geworden ist, zeigt die Entscheidung der Vereinten Nationen im Herbst 1991, die Treibnetzfischerei weltweit zu verbieten. Der Resolution haben alle Fischfangnationen zugestimmt. Zustandegekommen war sie auf Betreiben des Südpazifik-Forums, das die Fischbestände im Pazifik bedroht sah. Umweltfragen wie Abholzung, Zerstörung der Riffe und Überfischung gehören seit einigen Jahren zum wichtigen Bestandteil der Diskussionen im Forum. Dagegen spielen sicherheitspolitische Überlegungen kaum eine Rolle. Der militärische Schutz, den Australien, Neuseeland und die USA durch ihre Bündnissysteme anbieten, wird als genügend angesehen und nicht in Frage gestellt. Nur Tonga, Papua Neuguinea und Fiji unterhalten eine eigene Armee.

Das Forum hat seit seiner Gründung entscheidend dazu beigetragen, daß die Pazifikstaaten sich als Gemeinschaft mit ähnlichen Interessen verstehen. Gern sprechen die Forumstaaten vom „Pazifischen Weg“. Gemeint ist damit, daß sie Entscheidungen durch allgemeinen Konsens treffen. Dies ist aus verschiedenen Gründen möglich. Grundsätzlich respektiert das Forum die inneren Angelegenheiten der einzelnen Mitgliedsstaaten, die zudem alle westlich orientiert sind. In politischen Resolutionen, deren Stoßrichtung nach außen gerichtet ist, tritt die Region als geschlossenes Ganzes auf.

Seit Mitte der 80er Jahre zeichnen sich Veränderungen in der Politik des Forums ab. Ein Gefühl der Konkurrenz zu Fiji wächst unter den anderen Forumsmitgliedern, da Fiji viele der funktionalen Organisationen wie Universität, Büros der Unterorganisationen der UN, des Forums, der Kirche beherbergt und dazu neigt, die Stellen mit Fijianern zu besetzen. Eher aus politischen Differenzen erwachsen die Spannungen zu den melanesischen Staaten Papua Neuguinea, den Salomon-Inseln und Vanuatu, die größeren Einfluß auf das Forum ausüben wollen. Sie unterscheiden sich in ihrer politischen Kultur von den polynesischen Inselstaaten, und ihre Vertreter sind meist jünger und formalistischer als die polynesischen Politiker im Forum. West-Samoa, Tonga und Fiji gehören zu den Gründungsstaaten des Forums und haben es politisch über viele Jahre geprägt. Ein drittes Spannungsfeld ergibt sich derzeit aus dem Verhältnis von Australien und Neuseeland zu den Militärputschen in Fiji. Neuseeland wie auch Australien weigern sich bislang, die Übergangsregierung anzuerkennen, und beide Staaten stellten 1987 ihre bilateralen Hilfsprogramme ein. Vor kurzem hat Australien die Republik Fiji, nicht jedoch die Interimsregierung, anerkannt und die Hilfsprogramme wieder aufgenommen. Deutlich ist zu erkennen, daß die Pazifikstaaten sich in Zukunft weniger einseitig auf die Länder Australien und Neuseeland verlassen wollen als bisher. Man will sich stärker nach Japan und den ASEAN-Staaten, nach Europa und den USA ausrichten, eine Politik, die Fiji seit den Militärputschen konsequent verfolgt. Fiji nahm innerhalb des Forums über lange Jahre eine Sonderstellung ein, als erstes Land im Pazifik mit einer eigenständigen Außenpolitik. Lange Zeit war es als einziger pazifischer Inselstaat UNO-Mitglied und seit 1978 entsendet es Soldaten zu den UN-Friedenstruppen in den Nahen Osten. Darüber hinaus hatte es durch seine Mitgliedschaft im Commonwealth (bis 1987) frühzeitig politische Beziehungen zu Malaysia und Singapur geknüpft.

Seit 1988 hat das Forum den Post-Forum Dialog eingeführt, der im Anschluß an die Treffen stattfindet. Zu diesen Gesprächen werden derzeit Vertreter Großbritanniens, Japans, Kanadas, Chinas, aus den USA und Frankreich eingeladen. Im Gespräch ist, auch die Bundesrepublik Deutschland und Taiwan dazuzubitten. Die Gespräche sind ein deutliches Zeichen dafür, daß die pazifischen Staaten sich darum bemühen, ihre Wirtschaftsbeziehungen aufzufächern.

1. Aufbegehren des Volkes – Politik und Geschichte in Tonga

Das Königreich Tonga und die Persönlichkeit des Königs Taufa'ahau Tupou IV. sind auch in Deutschland recht bekannt. Viermal besuchte er bereits die Bundesrepublik, in privater Mission und zu Staatsbesuchen, um einen neuen Freundschaftsvertrag der beiden Staaten zu unterzeichnen oder Verhandlungen mit deutschen Reedereien über die Lieferung von Schiffen zu führen.

Es ist wohl eher der Nimbus und die mächtige Statur von König Tupou IV., die ihm so große Aufmerksamkeit zuteil werden lassen. Über die politischen Verhältnisse dagegen weiß man hier kaum etwas. Königshaus und tonganischer Adel dominieren das politische Geschehen, und das Volk hat bisher so gut wie keine Möglichkeit der politischen Einflußnahme, denn oppositionelle Parteien gibt es bisher nicht.

Das Staatswesen

Die tonganische Verfassung ist seit 1875 in Kraft – seit der Etablierung des Staates Tonga – und begründete die Staatsform einer konstitutionellen Erbmonarchie. Staatsoberhaupt ist der König, der den Ministerpräsidenten und die Mitglieder der Regierung ernennt. König Taufa'ahau Tupou IV. ist durch die hohen Ränge seiner Mutter und seines Vaters und als Erstgeborener die höchstrangige Person Tongas. In ihm vereinen sich die drei höchsten Adelstitel Tongas, und er ist stolz darauf, seine Abstammung über 24 Generationen in väterlicher Linie zurückverfolgen zu können.

Festgesetzte Amtszeiten der Regierungsmitglieder sind in Tonga nicht vorgesehen. Da die Positionen nicht durch Wahl, sondern durch Ernennung vergeben werden, bekleiden Minister oft mehrere Posten gleichzeitig und dabei meist auf Lebenszeit, falls sie sich die guten Beziehungen zum König nicht verscherzen. Ein Beispiel ist der jüngere Bruder des Königs, Prinz Fatafehi Tu'ipelehake, der Ministerpräsident und zugleich Minister für Landwirtschaft, für Fischereiwesen und für Marineangelegenheiten war. Er trat 1991 nach 25jähriger Amtszeit allein aus gesundheitlichen Gründen von seinen Ämtern zurück.

Die ausführende Macht liegt beim Kabinett und dem Kronrat (Privy Council). Das Kabinett besteht aus dem Ministerpräsidenten, seinem Stellvertreter, 8 Ministern und den Gouverneuren der Inselgruppen Ha'apai und Vava'u. Der Kronrat bereitet Gesetze und Novellierungen vor, die vom Parlament verabschiedet werden müssen; ferner nimmt er die Aufgaben eines Appellationsgerichtes wahr. Ihm gehören das Kabinett, der König und, bei Rechtsprechung, der oberste Richter Tongas an.

Im Parlament sitzen die Mitglieder des Kronrates, 9 Vertreter des Volkes und 9 Abgeordnete der Adelsschicht „Nopele". Die 9 Volksvertreter werden alle drei Jahre gewählt und sind in der Regel nicht adlig. Wahlberechtigt ist jede/r Tonganer/in über 21 Jahre. Die Wahl der Volksvertreter kann aber nicht darüber hinwegtäuschen, wie wenig demokratisch das System der politischen Machtausübung im ganzen ist. Die 9 Vertreter der Nopele repräsentieren ganze 33 Familien, deren Interessen auch durch die aus ihren Reihen stammenden Regierungsmitglieder vertreten werden. Die Tonganer fordern mehr Mitspracherecht und kritisieren die Adligen, die in Politik und Wirtschaft dominieren und die Wohlhabendsten im Lande sind. Seit Mitte der 80er Jahre formiert sich der Protest gegen die Vormachtstellung und die Privilegien der Adligen: Akilisa Pohiva, die bekannteste Persönlichkeit der neuen Opposition, fordert mehr politisches Mitspracherecht, demokratische Wahlen aller Vertreter des Parlamentes und die Offenlegung der Einnahmen und Ausgaben des Staates.

Die traditionelle Herrschaft gerät ins Wanken

Ende der 70er Jahre richteten tonganische Intellektuelle mit Unterstützung der Kirche einen Radiosender ein, in dem man sich kritisch mit der Politik auseinandersetzte. Er wurde 1984 durch die Regierung geschlossen. Zwei Jahre später wurde das Monatsblatt Kele'a gegründet, das den bis dahin kargen Zeitungsmarkt – eine Wochenzeitung der Regierung und je eine Zeitung der methodistischen und katholischen Kirche – belebte. Kele'a ist das Sprachrohr der Demokratiebewegung, in dem vor allem soziale Ungerechtigkeiten, die Bereicherung von Ministern und Staatsbeamten an öffentlichen Geldern, sowie Geldverschwendung, Korruption und Vetternwirtschaft aufgedeckt werden. Akilisa Pohiva, einer der Herausgeber der Zeitung und der bekanntesten Förderer von mehr Demokratie, berichtete bereits 1986 über die Bereicherung von Regierungsangehörigen an staatlichen Geldern. Reisen scheint ein beliebtes Hobby vieler Minister zu sein – und doppelte Reisekostenabrechnungen ebenso. Hunderttausende US $ sollen 1986 für Reisen ausgegeben worden sein. Das Gehalt eines Parlamentsabgeordneten beträgt jährlich etwa 7700 US $, ein Minister erhält zusätzlich 13000 US $. So mancher Minister soll durch Reisen, Überstundenabrechnungen und andere Zuschüsse auf ein jährliches Gehalt von 58000–62000 US $ gekommen sein. Ein Arbeiter verdient dagegen nur etwa 20 $ pro Monat.

1987 konnten Pohiva und seine Mitstreiter bei der Neuwahl der Volksvertreter bereits 3 der insgesamt 9 Sitze gewinnen, was auch für Tonganer ein überraschendes Ergebnis war. Die Volksvertreter sorgten 1989 für Aufregung, als sie eine neue Form des Protestes ausprobierten: 8 von ihnen zogen aus dem Parlament aus. Von „Rebellion" war die Rede, von Beleidigung des Königs und Auflehnung gegen die Autorität der regierenden Adligen. Die verbliebenen Parlamentsabgeordneten nutzten die Gunst der Stunde, um Gesetze zu verabschieden, die von den Volksvertretern abgelehnt wurden.

Ein zentrales Thema der Kritik, um das sich die Demokratisierung formiert, ist der Verkauf von tonganischen Pässen, der es Ausländern ermöglicht, für 10–25000 $ einen tonganischen Paß bzw. ein Einbürgerungszertifikat zu erwerben. Von dieser Möglichkeit machten vor allem Südostasiaten Gebrauch, unter ihnen die Witwe des philippinischen Ex-Diktators, Imelda Marcos. 1989 wurden allein in Hongkong 900 Pässe und 84 Einbürgerungen verkauft. Die Einnahmen allein daraus in Höhe von ca. 5 Millionen US $ gingen auf ein Konto in San Francisco und tauchten nicht im Staatshaushalt auf. Bedingung für die Einbürgerung sind Investitionen in Tonga und das Pachten von Land. Gerade der letzte Punkt, der bei der extremen Landknappheit in Tonga besonders problematisch ist, sowie die Geheimhaltung über die Höhe und den Verwendungszweck der Einnahmen aus dem Paßhandel riefen den Widerstand der Volksvertreter hervor. Sie fanden heraus, daß die Paßverkäufe illegal waren, und Pohiva verklagte den verantwortlichen Polizeiminister und den Staat Tonga. Die Mehrheit des Parlamentes beschloß – gerade noch rechtzeitig vor der vom Gericht angeordneten Anhörung des Falles – eine nachträgliche Legalisierung der Paßverkäufe und eine diesbezügliche Änderung der Verfassung. Folge dieser Praxis war eine der größten Demonstrationen Tongas. 2000 Menschen marschierten zum Palast, um dem König zwei Petitionen zu übergeben. Sie forderten die Nichteinbürgerung von 426 Ausländern und den Rücktritt des Polizeiministers – allerdings ohne Erfolg.

Die Minister sind empört über die „Herausforderungen" durch die Volksvertreter; und selbst der König fährt schwere Geschütze auf gegen die Demokratiebewegung. Er versucht, die Abgeordneten zu diskreditieren, indem er sie als Kommunisten bezeichnet und ihnen vorwirft, die Bevölkerung mit dem Ziel aufzuwiegeln, die Regierung zu stürzen. Diese Vorwürfe werden auch gegen hohe Geistliche der christlichen Kirchen in Tonga erhoben, wie gegen den katholischen Bischof Tongas, Patelisio Finau, der die Demokratisierungsforderungen unterstützt. Im Oktober 1990 überbrachten er und Amanaki Havea, Präsident der methodistischen Free Wesleyan Church, der Regierung eine Petition der tonganischen Kirchenvereinigung „Tonga National Council of Churches". Darin wurde gegen die hohen Gehälter protestiert, die sich die Parlamentarier selbst bewilligen.

Die Demokratisierung ist nicht mehr aufzuhalten

Am 15. Februar 1990 erwartete man mit Spannung das Ergebnis der Parlamentswahl. Für die Vertreter des Volkes war diese Wahl eine Bewährungsprobe, denn politische Parteien haben sich bisher in Tonga nicht gebildet. Die Wahl der Parlamentsabgeordneten ist allein vom Ansehen, vom Bekanntheitsgrad und der Ausstrahlungskraft des Kandidaten abhängig. 55 Einzelkandidaten bewarben sich für die 9 Sitze des Volkes, eine noch nie dagewesene Zahl.

Der König sah der Wahl gelassen entgegen. Er war sicher, daß die kritische Gruppe um Pohiva wenig Unterstützung erhalten würde. Aber er täuschte sich. Für Pohiva und seine Mitstreiter Laki Niu und Viliami Fukofuka stimmten mehr als 50 % der Wahlberechtigten auf der größten Insel Tongatapu. Außerdem wurden zwei Mitstreiter Pohivas für die Ha'apai-Inselgruppe ins Parlament gewählt.

Veränderungen in der politischen Struktur sind notwendig, daran wird auch der König nichts mehr ändern können. Er sieht sich selbst als den besten Vertreter seines Volkes, so wie es seit jeher der Fall war. Zu viel Demokratie betrachtet er als gefährlich, denn sie sei nicht kontrollierbar und könne dem Kommunismus den Weg ebnen, befürchtet er. Der König scheint die Lage zu unterschätzen. Er hätte die Möglichkeit, die Situation zu entspannen, Einfluß auf die konservativen Adligen zu nehmen und konstitutionelle Änderungen hinsichtlich der Ausgeglichenheit von Sitzen in verschiedenen Gremien und demokratische Wahlen aller Parlamentsabgeordneten zu vertreten. Er kann jedoch auch auf den in der Verfassung festgeschriebenen Privilegien des Adels beharren, was eine Verhärtung der Fronten zur Folge hätte und Gewalt nicht ausschließt.

In den Reihen des Adels soll es auch fortschrittliche Leute geben, die für demokratische Reformen sind und die Zeit reif für Veränderungen halten. Selbst der Sohn des Königs, der Innenminister Kronprinz Tupouto'a, ist einer Demokratisierung offenbar nicht abgeneigt. Er soll Pohiva zugesichert haben, daß er eine Demokratie nach britischem Muster favorisiert, in der die Regierung demokratisch gewählt wird und der König lediglich repräsentative Funktionen innehat. Der soziale Druck ist jedoch groß, und Kritiker am Status quo laufen Gefahr, sich die Verachtung der Einflußreichen und des Königs zuzuziehen, wenn sie sich entsprechend äußern. So praktiziert man das „laupisi eike" – ein Lippenbekenntnis, indem man den Nopele zwar offiziell zustimmt, im Grund aber eine andere Meinung hat.

Trotz aller Kritik ist König Taufa'ahau Tupou IV. die Integrationsfigur Tongas und der Vater der Nation, dem alle, auch die oppositionellen Vertreter des Volkes, ihren unbedingten Respekt zollen. Sie vermeiden es deshalb auch, den König direkt anzugreifen. Das gemeinsame 25jährige Amtsjubiläum des Königs und seines jüngeren Bruders Prinz Tu'ipelehake wurde mit einem rauschenden Fest begangen, und ganz Tonga war an den landesweiten Feiertagen vom 15. bis 17. Dezember 1990 beteiligt.

Abb. 4: Sitz des Parlamentes (Fono) in Apia, West-Samoa, erbaut nach traditionellem Muster. (Foto: Sabine Bruno)

2. Sanfte Demokratisierung in West-Samoa

Im Oktober 1990 ließ die Regierung in West-Samoa unter Ministerpräsident Tofilau Eti eine Volksabstimmung durchführen. Zur Abstimmung stand die Liberalisierung des Wahlrechts, das bis zu diesem Zeitpunkt nur Träger von Titeln (Matai) besaßen. Nur sie konnten die 45 Abgeordneten des Parlaments, nach dörflichem Muster Fono genannt, wählen, und nur Matai konnten gewählt werden. Zwei der insgesamt 47 Abgeordneten waren als Nachkommen der europäischen Einwanderer unabhängig vom Matai-System. In der Abstimmung sprach sich eine knappe Mehrheit der Stimmen für eine Änderung aus, die umgehend durchgeführt wurde. Wahlberechtigt ist jetzt jeder Samoaner und jede Samoanerin, die das 21. Lebensjahr erreicht haben, gewählt werden dürfen jedoch auch weiterhin nur Matai. Daß die Entscheidung der Regierung ein positives Echo in der Bevölkerung fand, zeigt das günstige Wahlergebnis im April 1991: Tofilau Eti und seine Partei, die Human Rights Protection Party, erhielt 32 Sitze.

Die Entwicklung zur Änderung des Wahlrechts zeigt sich trotz der positiven Resonanz bei den Wählern widersprüchlich. Der Abstimmung im Oktober 1990 gingen weder Demonstrationen noch heftige, öffentliche Debatten voraus. Auch die Abstimmung selbst rief nur geringes Interesse der Bevölkerung hervor: Nur etwa die Hälfte der Wahlberechtigten gab die Stimme ab. Offensichtlich halten noch immer viele Samoaner das alte Wahlrecht für angemessen und die Matai für ihre legitimen Vertreter. Dennoch waren sich Regierung und Opposition darin einig, daß eine Verfassungsänderung nötig sei.

Der Anstoß zur Änderung des Wahlrechts war ausgegangen von gesellschaftlichen Gruppen, die auch in Fiji und Tonga mehr politische Einflußnahme wünschen: die Akademiker, Geschäftsleute und Rückkehrer aus dem Ausland. In den ersten 20 Jahren nach der Unabhängigkeit war es üblich, daß sich nur Matai von hohem Rang für einen Abgeordnetensitz im Parlament bewarben. Ihre familiären Bindungen und ihr Status sicherte ihnen die Unterstützung der allein wahlberechtigten anderen Matai. Ende der 70er Jahre begannen sich Matai zur Wahl zu stellen, die einen niederen Rang besaßen, aber durch ihren beruflichen Erfolg im Ausland überzeugten. Sie konnten sich die im Wahlkampf notwendigen Geschenke und Festlichkeiten leisten, die den einzelnen Bewerber teuer zu stehen kommen können. Entsprechend stieg die Zahl der Bewerber um die politischen Ämter. Mit den neuen politischen Kräften entstanden auch die Parteien, die es vorher nicht gegeben hatte: 1979 die Human Rights Protection Party (HRPP), drei Jahre später die Samoa National Development Party (SNDP). Die beiden Parteien lassen sich politisch nur schwer zuordnen, da sie weniger aufgrund von Programmen, sondern als Unterstützergruppen für bestimmte politische Führungspersönlichkeiten entstanden sind. Aber die HRPP läßt sich eher dem konservativen Lager zuordnen, d. h. ihr Schwergewicht liegt auf der Bewahrung der samoanischen Lebensweise. Dagegen vertritt die SNDP eine Politik, die eine stärkere Modernisierung der Gesellschaft für notwendig hält, allerdings eingebettet in und angepaßt an das Fa'a Samoa. Beide Parteien haben ein ähnliches Spektrum an Mitgliedern aus den Kreisen der Kirchen und der Matai.

Modernisierungsmaßnahmen seit dem Ende der 60er Jahre, die die Wirtschaft des Landes vorantreiben sollten, brachten viele der politisch führenden Kräfte in einflußreiche Positionen in den staatlichen Unternehmen und in der Verwaltung. Gleichzeitig hatten Schulbildung, Auslandserfahrung und die Notwendigkeit, eigene Initiativen zu entfalten, viele titellose Samoaner selbstbewußter werden lassen. Als Anfang der 80er Jahre West-Samoa eine Wirtschaftskrise mit hohen Inflationsraten und steigenden Lebenshaltungskosten durchmachte, begannen sie, ihrem Unmut über die Vetternwirtschaft der politischen Eliten Ausdruck zu verleihen. 1981 legte ein dreimonatiger Streik im Öffentlichen Dienst das Leben in der Hauptstadt Apia lahm. Die einzige Gewerkschaft des Landes, die Public Service Association, konnte ihre Lohn- und Arbeitszeitforderungen weitgehend durchsetzen, doch der Streik zerriß das ganze Land in zwei Lager, spaltete Familien, Partei und Regierung. Diese Erfahrung hat die Samoaner bis heute mit Streiks vorsichtig gemacht. Es war der erste und letzte große Streik in Samoa. Doch innerhalb der Familien, der Dorfräte und an den Arbeitsplätzen geht die Diskussion politischer Themen weiter. Die Themen der politischen Kontrahenten haben sich seitdem kaum geändert: Immer wieder geht es um Korruption und Mißwirtschaft, um Arbeitslosigkeit und Staatsverschuldung. Nicht zu unterschätzen ist der Einfluß der Frauen auf das politische Geschehen in den letzten 10 Jahren. Sie sind die Mehrheit der Beschäftigten im Öffentlichen Dienst in Apia, und in den Dörfern sind ihre landwirtschaftlichen Entwicklungsprojekte zu einem wichtigen wirtschaftlichen Faktor geworden. Es war offensichtlich, daß sie sich mehr Mitspracherecht und eine bessere Interessenvertretung wünschen, da sie Matai nur in Ausnahmefällen werden können. Es wird allgemein vermutet, daß die Stimmen der Frauen 1991 den Ausschlag für den Wahlsieg der HRPP gaben, weil die Partei ihnen ein Frauenministerium versprochen hatte.

Die Krise des Matai-Systems

Es bleibt die Frage, warum es die eher konservative HRPP war, die das Wahlrecht liberalisierte und warum sie von den konservativen Kreisen der Kirche und der Matai, die eine für Samoa selbstverständliche Allianz bilden, unterstützt wurde. Sie trieb nicht der Wunsch nach mehr Demokratie im Wahlrecht, sondern die Befürchtung, daß die traditionellen Prinzipien des Matai-Systems gerade durch das alte Wahlrecht aufzuweichen drohten.

Die politische Privilegierung der Matai als alleinige Wähler hatte in den letzten Jahren immer häufiger dazu geführt, daß Titel gespalten wurden, um mehr Männer an den Wahlprozessen zu beteiligen. Ein Matai kann mehrere Titel auf sich vereinen und hat entsprechend mehrere Stimmen, denn nur der Titel, nicht die Person entscheidet über die Wahlfähigkeit. Genauso kann eine Frau wählen, wenn sie Matai ist. Ein Matai wiederum, der gewählt werden will, kann seinen Titel spalten und an andere Männer seiner Aiga vergeben, die dann ebenfalls das Wahlrecht besitzen und ihm mit ihren Stimmen zu einem offiziellen Amt verhelfen können. Der samoanische Historiker Meleisea berichtet von einem Matai, der seinen Titel 117 mal verteilte. Derzeit gibt es etwa 18 000 Matai, die 24 000 Titel halten, vor dreißig Jahren waren es nur 4700. Auf einen Matai kommen heute 8 Menschen ohne Titel, früher waren es 24 (PIM 7/1990). Die Folgen dieser Titel-Inflation sind für die Dörfer nicht ungefährlich. Jeder Matai hat Entscheidungsgewalt und kann über Landnutzung und Landzuteilungen mitentscheiden, die Dorfräte sind überfüllt und Dispute immer schwieriger zu lösen.

Mit dem neuen Wahlrecht soll nun versucht werden, der Inflation der Titel ein Ende zu machen. Die meisten Samoaner sehen das neue Wahlrecht als einen Versuch an. Es wird sich zeigen müssen, ob es den Wünschen demokratisch gesinnter Kreise gerecht wird, ohne daß die Stellung der Matai angerührt wird. Denn die Autorität des Matai garantiert noch immer Verwaltung und öffentliche Ordnung in den rund 300 Dörfern des Landes.

Lokale Selbstverwaltung in West-Samoa

Anders als ihre Nachbarn in Am. Samoa tragen die Dorfbewohner im westlichen Samoa die meisten öffentlichen Ausgaben selbst. So werden zwar Lehrer und Schulmaterialien vom Staat finanziert, die Schulgebäude müssen jedoch vom Dorf gebaut und bezahlt werden. Die Dorfbewohner sorgen für die Unterkunft und Verpflegung der Lehrer, der Pastoren, der Angestellten und Patienten in den örtlichen Gesundheitsstationen. Sie richten Wasserversorgung und Elektrogeneratoren zur Stromversorgung ein, legen Dorfstraßen und Wege zu den Feldern an. Über größere Aufgaben, die die Gemeinschaft betreffen, einschließlich der Höhe der Kirchenspenden, entscheidet der Dorfrat.

Die Teilnahme am religiösen und sozialen Leben des Dorfes ist eine Verpflichtung für jeden einzelnen. Niemandem wird es erlaubt, sich ihr zu entziehen, und die Strafen können drakonisch sein: Als vor einigen Jahren ein Bewohner eines Dorfes mehrere Sonntage nicht zum Gottesdienst erschien, entschied das Fono, daß er zur Strafe sein Geschäft im Dorf schließen und das Dorf bis auf weiteres verlassen mußte. Sein Haus wurde verbrannt, er selbst mehrmals körperlich mißhandelt (Thomas 1985: 230). Ein Extremfall, aber symptomatisch. Die strikte soziale Kontrolle durch Familie und Dorfrat ist einer der Gründe dafür, daß immer mehr Jugendliche aus den Dörfern fliehen oder nach ihrer Ausbildung in der Stadt oder in Neuseeland nicht mehr ins Dorf zurückkehren. Die Veränderung des Wahlrechts ist ein erstes Zeichen dafür, daß sich West-Samoa dem Druck der Veränderung beugt und die Autoritätskonflikte zwischen alt und jung, modernen und traditionellen Strukturen politisch aufgreift.

3. Congressmen und Matai – der Kompromiß Amerikanisch-Samoas

In ganz anderer Weise als West-Samoa versucht Ost-Samoa die überkommenen Prinzipien politischer Organisation in das moderne Staatsgeschehen einzubeziehen, das durch seine Bindung an die USA nachhaltig geprägt ist. Die grundlegenden Strukturen sind jedoch sehr ähnlich, und auf lokaler Ebene ist der Dorfrat der Matai auch in Am. Samoa die wichtigste politische Einrichtung. Die Verfassung versucht, die politischen Prinzipien sowohl der samoanischen wie der amerikanischen Auslegung zu berücksichtigen. Es gibt ein Zwei-Kammer-Parlament: Für das Repräsentantenhaus gilt das allgemeine Wahlrecht. Die 20 Mitglieder müssen nicht Matai sein und werden alle zwei Jahre neu gewählt. Die 18 Abgeordneten des Senats jedoch sind immer Matai und werden alle vier Jahre nur von Matai gewählt. Der Senat hat darauf zu achten, daß alle Gesetze und Verordnungen, die vom Parlament verabschiedet werden, im Einklang mit der samoanischen Lebensweise stehen. Bis heute ist das System in Kraft und wird von den Samoanern kaum in Frage gestellt. Seit 1977 wird, ebenfalls in allgemeinen Wahlen, der Gouverneur gewählt und nicht länger von Washington ernannt. Erstmals im Jahre 1981 entsandte Am. Samoa einen Abgeordneten in den US-Kongreß. Allerdings hat er, wie die Vertreter der anderen Territorien der USA, keine Stimme, sondern muß versuchen, in Ausschüssen des Kongresses und durch politische Lobbyarbeit die Karten für Am. Samoa günstig auszuspielen.

Eigene Parteien hat Am. Samoa nicht, und die Bewerber um politische Ämter ordnen sich nach amerikanischem Muster entweder den Demokraten oder den Republikanern zu. Allerdings entscheiden die meisten Wähler wohl mehr nach ihren familiären Bindungen und immer häufiger nach materiellen Gesichtspunkten. Nicht immer kann ein Außenstehender entscheiden, ob ein Matai, der gewählt werden möchte, seine Wähler besticht oder das traditionelle Geschenk, das „Lafo", gibt: Essen, Getränke und eben auch Geld. Lafo ist in beiden Teilen Samoas durchaus üblich und dient der Erhaltung von Prestige und Ansehen. Eine Wahl wiederum bringt dem Gewählten finanzielle Vorteile. Die Gehälter der Parlamentsmitglieder sind vergleichsweise hoch und ihre Posten daher sehr begehrt. Es ist heute durchaus üblich, daß sich 12 Bewerber für einen Sitz im Senat bewerben und jeder mit einem Wahlkampfbudget von 10000 US $ ausgestattet ist. Einmal im Amt, bleibt die Verpflichtung, zu geben, eine Verpflichtung, der die Abgeordneten nicht immer mit legalen Mitteln nachkommen. So wurde der Abgeordnete beim US-Kongreß in Washington, Fofo I. F. Sunia, 1988 der Unterschlagung für schuldig befunden. Er bezog ein Gehalt von 120000 US $. Eine ähnlich hohe Summe hatte er unterschlagen. Nicht nur für die teuren Schulen seiner acht Söhne brauchte er das Geld, sondern um jeden Samoaner, der seinen Fuß nach Washington setzte, aufs großzügigste zu bewirten. Ansehen ist eben teuer.

Zusammen mit dem Gouverneur entscheidet das Parlament über Gesetze und das jährliche Haushaltsbudget. Falls Gouverneur und Parlament in dieser Frage uneinig sind, liegt die letzte Entscheidung beim Innenministerium der Vereinigten Staaten. Bis heute sind die Befugnisse des US-Ministeriums, vertreten durch den Secretary of Territorial and International Affairs, weitreichend, und jede Entscheidung des Gouverneurs und des Parlaments kann außer Kraft gesetzt werden. Bislang hat es noch keine größeren Mißstimmigkeiten zwischen den beiden Instanzen gegeben, vor allem weil Am. Samoa wegen seiner großen wirtschaftlichen Abhängigkeit von Amerika darauf bedacht ist, die guten Beziehungen nicht zu stören.

Politische Neuorientierung

Allerdings hat Am. Samoa in den letzten Jahren begonnen, selbstbewußter gegenüber den USA aufzutreten. Der samoanische Abgeordnete im US-Kongreß, Faleomavaega, nimmt an den Arbeitsgruppen des Kongresses für die Belange der Hispano-Amerikaner und Schwarzen teil und zeigt damit deutlich, daß sich Am. Samoa zunehmend in der gleichen Position wie diese Gruppen gegenüber dem „weißen" Amerika sieht. Gouverneur Coleman, ein Republikaner, der 1988 für vier Jahre gewählt wurde, würde sein Land gern dem Zugriff des US-Innenministeriums entziehen. Er strebt eine Freie Assoziierung nach dem Vorbild der Vereinigten Staaten von Mikronesien oder einen Commonwealth-Status an, der den Samoanern eine größere innere Autonomie sichern würde. Die Verhandlungsposition für Am. Samoa ist daher recht günstig, denn die Vereinigten Staaten ihrerseits haben großes Interesse daran, ihren Einflußbereich im Pazifik aufrechtzuerhalten. Hinzu kommt, daß die Samoaner über die offensichtliche Geringschätzung ihres Landes und ihrer

Kultur in Washington verärgert sind. Für den Posten des Sekretärs des Büros für Territoriale und Internationale Angelegenheiten wurde die Amerikanerin Stella Guerra ernannt, die gänzlich unerfahren in pazifischen Belangen ist (sie wurde als Frauen- und Bürgerrechtlerin bekannt). Und viele Samoaner waren durchaus nicht erfreut, als Dan Quayle, Vizepräsident der USA, sie während einer Zwischenlandung in Pago Pago 1989 mit „happy campers" anredete und ihre Stadt Pogo Pogo nannte.

Außenpolitisch zeigt Am. Samoa in den letzten Jahren stärkere Eigeninitiative, statt wie bisher diese Fragen ausschließlich Washington zu überlassen, und wendet sich mehr den pazifischen Nachbarn zu. Zwar nimmt Am. Samoa an den Treffen des Südpazifik-Forums als Beobachter teil, möchte jedoch als volles Mitglied anerkannt werden. Die vollständige politische Unabhängigkeit von Amerika ist jedoch nicht angestrebt. Viel zu sehr ist der öffentliche Haushalt auf die Finanzhilfen aus Washington angewiesen, die zwischen 70 und 120 Mio. DM pro Jahr betragen und die Hälfte des Staatshaushaltes ausmachen (Buchholz 1984: 179). Am. Samoa versteht sich in politischer Hinsicht als Teil der Vereinigten Staaten von Amerika, möchte aber gleichzeitig seine Interessen und Eigenständigkeiten gewahrt wissen.

Ob in naher Zukunft eine politische Vereinigung mit dem Westen Samoas zur Debatte stehen wird, ist fraglich. Diskutiert wird die Frage, zumindest öffentlich, kaum. Als auf Vorschlag des US-Kongresses im Jahre 1969 eine Kommission eingesetzt wurde, die über den zukünftigen politischen Status von Am. Samoa befinden sollte, nahm die Frage des Zusammenschlusses der beiden Staaten großen Raum ein. Die Kommissionsmitglieder, Samoaner und Amerikaner, diskutierten die Frage mit führenden Matai aus beiden Teilen Samoas. Die Parlamente beider Samoas berieten darüber und entschieden, daß derzeit eine Vereinigung nicht erwünscht sei. Auch die West-Samoaner nutzen die wirtschaftliche Bindung Ost-Samoas an die USA: Sie arbeiten als Gastarbeiter in den Fischfabriken Pago Pagos, exportieren Taro zu den kaufkräftigen Nachbarn und haben von dort leichteren Zugang auf den Arbeitsmarkt des amerikanischen Festlandes.

4. Hintergründe der Militärputsche in Fiji

Das Jahr 1987 brachte Fiji einschneidende politische Veränderungen, die Auswirkungen auf alle Bereiche der Gesellschaft hatten. In zwei unblutigen Putschen des Militärs traten die alten Spannungen zwischen Indern und Fijianern zutage. Ebenso bedeutsam aber waren die Rivalitäten zwischen den Religionen und zwischen konkurrierenden Fraktionen der fijianischen Gesellschaft. Die politischen Verhältnisse in Fiji sind komplizierter als in den Nachbarstaaten, was zum großen Teil auf die koloniale Geschichte zurückzuführen ist, seine Ursachen aber auch in überkommenen Gegensätzen zwischen Ost- und Westfijianern hat.

Der Status quo vor 1987

Nach 96 Jahren kolonialer Herrschaft entließ Großbritannien Fiji 1970 in die Unabhängigkeit. Die Bindungen zum Mutterland blieben aber weiterhin stark: Fiji gehörte zum Commonwealth, und die britische Königin blieb das Staatsoberhaupt. Ihr Vertreter war der Generalgouverneur, der hohe Häuptling Ratu Sir Penaia Ganilau.

Bereits vor der Unabhängigkeit waren politische Parteien entstanden, die vorwiegend die zwei dominierenden Ethnien vertraten. In der ersten Parlamentswahl nach der Unabhängigkeit 1972 errang die Alliance Party der Fijianer 33 Sitze, während die National Federation Party der Inder mit 19 Abgeordneten vertreten war. Die Alliance Party regierte mit ihrem Premierminister Ratu Sir Kamisese Mara nahezu unangefochten bis 1987. Aufsehen erregte im In- und Ausland die Wahl von 1977, als die National Federation Party (NFP) erstmalig 2 Sitze mehr als die Alliance Party (AP) errang und Auseinandersetzungen zwischen den Ethnien befürchtet wurden. Differenzen innerhalb der NFP machten jedoch eine neue Wahl notwendig, aus der die Alliance Party wiederum als eindeutige Siegerin hervorging.

1986 gründeten Gewerkschaftsmitglieder und Intellektuelle der University of the South Pacific eine neue, sozialdemokratisch orientierte Partei: die Fiji Labour Party. Unter Leitung des fijianischen Arztes Dr. Timoci Bavadra ging sie eine Koalition mit der indischen NFP ein und stellte sich im April 1987 zur Wahl. Das Ergebnis war sensationell. Die Koalition bekam die Mehrheit mit 28 Sitzen, während die langjährige Regierungspartei AP nur 24 Sitze im Parlament (House of Representatives) errang. Neuer Premierminister wurde Dr. Bavadra; seinem Kabinett gehörten 7 Inder und 7 Fijianer als Minister an.

Am 14. Mai, nach nur vier Wochen Regierungszeit, wurde die Koalitionsregierung durch einen Militärputsch abgesetzt. Unter dem Kommando von Oberstleutnant Sitiveni Rabuka besetzten Truppen das Regierungsgebäude und verhafteten für kurze Zeit die Regierungsmitglieder und Parlamentsabgeordneten der Koalition. Eine Zeit des Chaos folgte. Protestaktionen, Brandstiftungen, Auseinandersetzungen zwischen Indern und Fijianern, zum Teil angestachelt durch radikal-nationalistische Fijianer, bewegten das Land. Sie hörten auch nicht auf, als Generalgouverneur Ratu Ganilau schließlich – der Not gehorchend – eine Übergangsregierung von 18 Mitgliedern ernannte, die zum Großteil aus ehemaligen Ministern der Alliance Party bestand. Regierungschef wurde Putschführer Oberstleutnant Rabuka, und der alte und angesehene Regierungschef Ratu Mara übernahm den Außenministerposten. Nach anfänglicher Weigerung nahm der gestürzte Regierungschef Dr. Bavadra an Beratungen teil, mit denen eine für alle Seiten befriedigende Übergangslösung bis zu Neuwahlen gefunden werden sollte. Einigung erzielte man im September 1987 mit dem Beschluß, eine Regierung aus Mitgliedern sowohl der Koalition wie der Alliance Party unter Vorsitz von Generalgouverneur Ratu Ganilau zu etablieren.

Unmittelbar darauf putschte Rabuka zum zweiten Mal. Er entließ die Übergangsregierung und setzte die Verfassung außer Kraft. Sich selbst ernannte er zum Chef einer Militärregierung, die im Oktober 1987 die Republik Fiji ausrief. Fiji wurde daraufhin die Mitgliedschaft im Commonwealth of Nations aufgekündigt. Eine neue Regierung wurde im Dezember gebildet, mit Ratu Sir Kamisese Mara als Premierminister, Rabuka als Innen- und Verteidigungsminister, sowie ehemaligen Ministern der AP, Offizieren und Mitgliedern der nationalistischen Taukei-Bewegung. Ratu Ganilau, dessen Funktion als Generalgouverneur in der neuen Republik überflüssig geworden war, wurde Präsident Fijis.

Der „Ost-West"-Konflikt

Der Machtverlust der Alliance Party bei den Wahlen 1987 war ein schwerer Schlag für die fijianische Aristokratie. Ihre Vertreter hatten die Geschicke des Staates nicht erst seit der Unabhängigkeit von den Briten gelenkt. Sie hatten es vielmehr schon vorher verstanden, ihre Macht in Kooperation mit den britischen Kolonialherren zu festigen und zu vergrößern. Vor allem die hochrangigen Häuptlinge aus dem Osten Viti Levus und Fijis sind es, die ihre Macht bis heute erhalten konnten. Diese Häuptlinge haben die wichtigsten Posten inne in Gesellschaft, Politik, Verwaltung und Wirtschaft und gehören zu den wohlhabendsten Bürgern Fijis. Ratu Mara, aus Lakeba (Lau-Gruppe) stammend, gehört dazu, ebenso wie Ratu Ganilau von der Insel Taveuni und die Familie Cakobau von der kleinen geschichtsträchtigen Insel Bau mit ihren weit verzweigten Verwandtschaften.

Der neugewählte Premierminister Dr. Bavadra kam dagegen aus dem Westen Viti Levus und besaß dort eine große Anhängerschaft. Er selbst konnte keinen Rang vorweisen, dafür jedoch seine Frau, die ein Mitglied des Cakobau-Clans ist. Die West-Fijianer und deren Häuptlinge blieben bis heute von der Politik weitgehend ausgeschlossen, obwohl sich im Westen durch Zuckerrohranbau und Tourismus das wirtschaftliche Zentrum des Landes entwickelt hat. Das daraus resultierende, seit Jahrzehnten bestehende Gefühl der Benachteiligung des Westens zeigt sich u. a. im Versuch, eine 4. Konföderation unter eigener Verwaltung zu etablieren, die auch Bavadra unterstützte. Die bestehenden drei Konföderationen entstanden bereits im letzten Jahrhundert als regionale politische Zusammenschlüsse von unabhängigen Häuptlingstümern. Dominiert werden sie von den Häuptlingen des Ostens, so daß die Menschen des Westens ihre Interessen nicht vertreten sehen: ein Mitglied der Familie Cakobau steht der nordwestlichen Konföderation (Kubuna) vor. Die Führung der Region im Osten (Tovata) wurde Ratu Ganilau übertragen, und Adi Lady Mara, die Ehefrau von Ratu Mara, steht an der Spitze des südwestlichen Zusammenschlusses (Burebasaga). Bei der Forderung nach einer 4. Konföderation (Yasayasa Vaka Ra) geht es unter anderem um eine gerechtere Sitzverteilung zugunsten des Westens im „Great Council of Chiefs", der Vertretung der Häuptlinge Fijis. Die Verfechter eines 4. Bündnisses wollen über die westlichen Gebiete der nord- und süd-westlichen Konföderation bestimmen. An der Festschreibung einer 4. Konföderation der West-Fijianer ist den traditionellen Ost-Häuptlingen jedoch nicht gelegen, da dies einen Gebiets- und Machtverlust von zwei der drei Konföderationen bedeuten würde, und sie haben ihre Zustimmung bisher verweigert.

Die fijianische Gesellschaft im Umbruch

Die Häuptlinge sahen in der Person Dr. Bavadras wohl eine Herausforderung ihrer traditionellen gesellschaftlichen Stellung. Denn dieser kam nicht nur aus dem Westen und hatte keinen Rang, sondern war auch noch gewerkschaftlich orientiert, hatte die Offenlegung von Korruption angekündigt und betont, die Interessen der weniger Privilegierten zu vertreten. Ein Beispiel hierfür ist seine Kritik an der Landverpachtungspraxis der fijianischen Landbehörde (Native Land Trust Board). Er beanstandete, daß ein großer Anteil der Pacht an die Häuptlinge ausgezahlt wird und trat für eine gerechtere Verteilung der Pachtsumme zugunsten der ranglosen Fijianer ein.

Die Putschgegner und -unterstützer lassen sich jedoch nicht immer eindeutig zuordnen, denn eine klare Linie zwischen Häuptling und Ranglosem, Ost- und West-, konservativem und fortschrittlichem Fijianer läßt sich nur selten ziehen. So gab es z. B. eine Menge Fijianer, die für die Coups waren, jedoch gegen die Regierung und Vetternwirtschaft der östlichen Häuptlinge.

Der nach außen hin wichtigste Grund für die Mehrheit der Fijianer, die Coups zu unterstützen, war ihre unterschwellige Furcht vor der Dominanz der Inder. Sie zeigte sich, als eine Petition mit 23 000 Unterschriften übergeben wurde, die den Generalgouverneur aufforderte, Schritte für eine Änderung der Konstitution einzuleiten, um die Vorherrschaft der indigenen Fijianer festzuschreiben. Beträchtlichen Anteil an der Stimmungsmache gegen Koalition und Inder hatten die konservativ-nationalistischen Fijianer, die sich in der Taukei-Bewegung organisierten. Unter ihnen waren moderate Putschanhänger, aber auch Radikale und Rassisten, die Auseinandersetzungen mit Indern provozierten, offen die Ausweisung der Inder forderten und die Koalition diskreditierten. Straßenkämpfe, Brandstiftungen, Plünderungen und sogar kleinere Bombenanschläge waren Folgen des 2. Coups Ende 1987. Daß die Aggressivitäten nationalistischer Fijianer gegenüber Indern auch zwei Jahre später noch nicht überwunden waren, zeigen Brandanschläge auf zwei hinduistische Tempel und eine Moschee. Die Öffentlichkeit in Fiji reagierte darauf mit Entsetzen und Empörung. Als Täter wurden 17 Jugendliche verurteilt, die der methodistischen Jugendorganisation „Methodist Youth Fellowship" angehörten. Die methodistische Kirchenleitung distanzierte sich mit allem Nachdruck von diesen Anschlägen.

Die Einmischung der methodistischen Kirche in die Politik

Die methodistische Kirche spielt eine wichtige Rolle und hat großen Einfluß in Fiji, denn ihr gehören 75 % der Fijianer an. Die Einmischung der Kirche in die politischen Vorkommnisse wird nachvollziehbar, wenn man berücksichtigt, daß Putschführer Rabuka – selbst methodistischer Laienpriester – die Coups u. a. als „gottgewollt" legitimierte und sogar einmal verkündete, daß er die Inder am liebsten zu Christen machen wolle. Die Verquickung von Politik und Kirche machte sich an der Verhängung eines generellen „Sonntagsverbotes“ nach den Coups fest. Der Sonntag sollte ausschließlich dem Glauben gewidmet sein, Sport wurde verboten, die Restaurants mußten schließen, der öffentliche Verkehr war lahmgelegt. Die Führung der methodistischen Kirche und der Fiji Council of Churches, der Zusammenschluß der christlichen Kirchen, kritisierten den Erlaß mit der Begründung, daß sich die Regierung nicht in kirchliche Angelegenheiten einzumischen habe, der christliche Glaube nicht erzwungen werden könne und andere Glaubensrichtungen zu respektieren seien. Sonntägliche Straßenblockaden fundamentalistischer Methodisten im Dezember 1988 sollten die Aufhebung des Sonntagsverbotes verhindern, vertieften jedoch die Unstimmigkeiten zwischen liberalen und dogmatischen Methodisten. Der endgültige Bruch innerhalb der methodistischen Kirche folgte aus der als „Kirchencoup“ bekannt gewordenen Aktion, wobei der gemäßigte Präsident der methodistischen Kirche Fijis, Reverend Koroi, aus seinem Büro hinausgeworfen wurde. Sein Widersacher war Reverend Lasaro, Generalsekretär der methodistischen Kirche. Er war nicht nur ein enger Freund Rabukas und einer der ersten Befürworter der Militärcoups, sondern unterstützte auch die nationalistischen Ziele der Taukei-Bewegung und war an den Straßenblockaden beteiligt. Lasaro konnte schließlich die Machtprobe für sich entscheiden, indem er die Mehrheit der kirchlichen Superintendenten hinter sich bringen konnte und einer seiner Unterstützer als neuer Präsident eingesetzt wurde.

Die Situation der Inder und die Landfrage

Die Inder stellten seit 1946 die größte Bevölkerungsgruppe Fijis. Bei den Wahlen 1977 gelang es der indischen NFP zum einzigen Mal, die parlamentarische Mehrheit zu erreichen. Sie konnten sich aber nicht auf einen Regierungschef einigen und waren nicht fähig, eine Regierung zu bilden. Denn auch die Inder sind keine homogene Ethnie, die ohne Konflikte zusammenlebt. Einige bekannte Mitglieder der Fiji Muslim League befürworteten sogar einen Plan des Militärs, eine rassische Ordnung einzuführen.

Diese Position führte zu Auseinandersetzungen zwischen Hindus und Moslems. Auf der anderen Seite hatte die von Fijianern dominierte Alliance Party auch eine kleine indische Stammwählerschaft, die vorwiegend zum gutsituierten Teil der indischen Bevölkerung gehört, und die mit der Eliteschicht der Fijianer gemeinsame, vor allem wirtschaftliche Interessen verbindet. So wird verständlich, daß Inder sowohl in der letzten legalen Regierung Ratu Maras wie auch in der Übergangsregierung als Minister beteiligt waren.

Ein ständiger Herd von Konflikten in der Beziehung zwischen Indern und Fijianern ist das Land und seine Nutzung. Viele der über eine Dauer von 30 oder 60 Jahren abgeschlossenen Pachtverträge laufen in den 90er Jahren aus, und einige Fijianer haben angekündigt, daß sie sie nicht verlängern werden. Dies ist fatal für die indischen Bauern, da es die Zerstörung ihrer Existenz bedeutet. Die Landsituation wurde von den Konservativen zum Anlaß genommen, die Angst zu schüren, daß die Koalition die Landgesetzgebung ändern würde und die Inder ihnen das Land wegnehmen könnten. Ein Blick in die Verfassung von 1970 zeigt jedoch, daß für eine Landgesetzänderung $^3/_4$ der Parlamentsmitglieder für einen entsprechenden Antrag stimmen müßten und der Great Council of Chiefs einstimmig seine Einwilligung dazu geben müßte. Eine solche Situation wäre somit nur denkbar gewesen, wenn wirklich die Mehrheit der Fijianer und ihre Häuptlinge eine Änderung des Landrechtes befürwortet hätten. Ein Grund für das (vielleicht manchmal auch gewollte) Mißverstehen oder die Unkenntnis der Verfassung mag darin liegen, daß sie trotz mehrfacher Aufforderungen nie ins Fijianische übersetzt wurde.

Eine neue Ära der politischen Machtausübung

Nach drei Jahren Übergangsregierung ist 1992 die politische Lage in Fiji kompliziert wie nie zuvor. Die Ausarbeitung einer neuen Konstitution brauchte 3 Jahre, bis sie 1991 in Kraft trat. Festgelegt ist darin z. B., daß nur indigene Fijianer Premierminister und Präsident Fijis werden können. Die 70 Sitze im Parlament sind ebenfalls zugunsten der Fijianer verteilt: 38 Sitze sind den einheimischen Fijianern vorbehalten, 27 Sitze erhalten die Inder, 5 Sitze gehen an andere ethnische Gruppierungen.

Auf der Basis dieser neuen Konstitution wurden im Mai 1992 die ersten „demokratischen“ Wahlen seit den Militärputschen abgehalten. 10 Parteien stellten sich zur Wahl – eine nie dagewesene Vielzahl unterschiedlicher politischer Richtungen. Die National Federation Party und die Fiji Labour Party stellten sich nicht mehr als Koalition zur Wahl. Die FLP hatte zwar zunächst beschlossen, die Wahl zu boykottieren, da diese auf einer rassistischen und undemokratischen Konstitution basiere, entschied sich im letzten Moment aber doch anders, um weiterhin Anteil am politischen Geschehen zu haben. Sie wurde hinter der National Federation Party (14 Parlamentssitze) drittstärkste Fraktion mit 13 Abgeordneten.

Gewinnerin der Wahl war eindeutig die neu gegründete Partei „Soqosoqo ni Vakavulewa ni Taukei“ (Fijian Political Party, kurz FPP), in der die Alliance Party des langjährigen Premierministers Ratu Mara aufging. Die FPP läßt lediglich einheimische Fijianer als Mitglieder zu, wird vom Great Council of Chiefs unterstützt und konnte 30 der 70 Parlamentssitze erringen.

Eine Sensation war die Ernennung des Ex-Putschistenführers Sitiveni Rabuka zum neuen Premierminister. Als lachender Dritter hatte sich der ranglose Rabuka zunächst gegen zwei hohe Häuptlinge des Ostens als Präsident der FPP durchsetzen können. Als geschickter Taktiker gelang es ihm, die Mehrheit der Parlamentsabgeordneten hinter sich zu bringen. Sein Rivale Kamikamica, Parteifreund, Ex-Finanzminister unter Ratu Mara und von den Häuptlingen des Ostens favorisierter Premierminister-Kandidat, wurde im Machtkampf ausgebootet. Ironischerweise waren es gerade die Stimmen der Fiji Labour Party, die ihrem Erzfeind Rabuka zum Premierministerposten verhalfen. Rabuka läßt sich offenbar als Gegenleistung auf die Forderungen der FLP ein: die neue Konstitution soll reformiert und die Mitte 1992 eingeführte Mehrwertsteuer wieder abgeschafft werden. Außerdem sollen die auslaufenden Pachtverträge von indischen Farmern verlängert und die Gesetze abgeschafft werden, die die

Rechte der gewerkschaftlich organisierten Arbeiter stark einschränken. Verärgert über diesen Handel sind nicht nur die traditionellen Machthaber, deren starker Einfluß schwand und die nicht bereit sind, mit Rabuka zu kooperieren. Auch die rechten fijianischen Nationalisten (3 Sitze im Parlament), die auf eine Beteiligung an der Regierung spekuliert hatten, kündigten Widerstand gegen die neue Regierung an.

Ein unkalkulierbarer und von den Drahtziehern sicher nicht beabsichtigter Prozeß ist durch die Militärputsche in Gang gesetzt worden: die ehemalige relative Einheit der Fijianer hat sich aufgesplittet in viele verschiedene politische Richtungen und Parteien. Die alteingesessene Herrschaft der östlichen Häuptlinge in der Politik hat mit der Ernennung Rabukas zum Premierminister einen weiteren schweren Schlag erlitten.

Eine neue politische Ära bricht mit Rabuka an. Der Ex-Putschistenführer und Nationalist stellt sich nun als geläutert dar. Er will ein Staatschef für alle Ethnien sein und den Dialog zwischen ihnen fördern, um die nationalen Probleme in den Griff zu bekommen. Man wird sehen, ob dies ernstgemeinte Ziele sind oder leere Versprechungen.

IV. Wirtschaften unter schwierigen Bedingungen

Alle vier Staaten – Fiji, Tonga, West- und Amerikanisch-Samoa – streben eine eigenständige wirtschaftliche Entwicklung an, stoßen dabei aber mehr oder weniger auf dieselben Probleme: eine unausgeglichene Handelsbilanz durch hohe Importe und geringe Exporte, eine steigende Inflationsrate, eine hohe Verschuldung des Staates, geringe Ressourcen und Auffächerung der Wirtschaft.

Land ist die Existenzgrundlage der Pazifiker. Die Rechte, die damit verbunden sind, sind elementar und lebensnotwendig für die Menschen – so war es in der Vergangenheit, und so ist es auch heute noch. Denn die pazifischen Inseln haben aus wirtschaftlicher Sicht nicht viel zu bieten: Lediglich die „hohen", aus dem Kontinentalsockel aufgefalteten Inseln Melanesiens verfügen über Bodenschätze. So fördert Fiji Gold, das hinter Zucker an zweiter Stelle der Exportstatistik steht, während auf den Inseln Samoas und Tongas bisher keine nennenswerten Bodenschätze entdeckt wurden und keine Industrien entstanden. Agrarprodukte sind deshalb Hauptexportartikel, und diese sind auf dem Weltmarkt einer großen Konkurrenz und großen Preisschwankungen ausgesetzt. Hierzu gehören vor allem das traditionelle Hauptexportprodukt Kopra (getrocknete Kokosnuß) und Bananen, in Fiji kommt Zuckerrohr hinzu. Die Anbaupalette ist zwar größer geworden, die Versuche mit neuen Produkten jedoch nicht immer von Erfolg gekrönt. Schädlinge, Pilzbefall und Wurzelerkrankungen sind weit verbreitete Probleme, die Investitionen in landwirtschaftliche Exportprodukte zum Risiko machen. Doch damit nicht genug der Probleme: Alljährlich kehrt die Gefahr der Wirbelstürme wieder, die mit einer Windgeschwindigkeit über 150 km/h über die Inseln hinweg fegen. Hurrikan „Ofa", der Anfang Februar 1990 Tonga, West- und Am. Samoa heimsuchte, soll der Schlimmste seit 1831 gewesen sein, West-Samoa war am stärksten betroffen: 7 Menschen starben, Pflanzungen, Häuser und Teile der Regenwälder wurden zerstört. Der Schaden belief sich auf 306 Mio. $ Tala, etwa doppelt soviel wie das Budget der Regierung, während Am. Samoa und Tonga Schäden in Höhe von 50 Mio. US $ bzw. 2,2 Mio. US $ zu beklagen hatten. Die nächsten Zyklone ließen nicht lange auf sich warten, und es kam sogar noch schlimmer: Gleich 4 Wirbelstürme innerhalb von 3 Wochen tobten im November/Dezember 1991 über 10 Inselstaaten. Samoa war wieder ein Zentrum mit der traurigen Bilanz von 12 Toten und unglaublichen Verwüstungen.

Im- und Exporte

Die Handelsbilanz ist in keinem der vier Inselgruppen ausgeglichen. Das Verhältnis der Exporterlöse zu den Importen sah im Jahr 1984 folgendermaßen aus:

Am. Samoa:	1:1,34
Fiji:	1:1,74
West-Samoa:	1:2,73
Tonga:	1:4,45

(South Pacific Islands Yearbook, 1989: 21, 115, 547, 639)

Wie die Handelsbilanzen erahnen lassen, sind die vier Länder wirtschaftlich ganz unterschiedlich geprägt. In West-Samoa und Tonga haben sich keine großen Exportindustrien entwickelt, denn hier dominiert die traditionelle Landwirtschaft mit geringen Exporten. Die Wirtschaft von Am. Samoa basiert auf weiterverarbeitender Fischindustrie, der einzigen nennenswerten Wirtschaftsbranche, die allein wegen des bevorzugten Zugangs zum amerikanischen Markt überlebt. Fiji hat dagegen mit Zuckerrohr und Gold neben den traditionellen landwirtschaftlichen Produkten und dem Fisch eine weiter gefächerte Exportpalette. Wachsende Bedeutung bekommt Fijis Verteilerfunktion für die kleineren pazifischen Staaten, die nicht direkt von internationalen Schiffahrtslinien angelaufen werden, und die Produktion z. B. von Textilien in Fijis Freihandelszone.

Es ist für die pazifischen Inselstaaten schwer, ihre Exportraten zu steigern und ihre meist einseitige Warenpalette zu vergrößern. Zum einen fehlen die Rohstoffe, zum anderen lohnt sich die Einführung einer verarbeitenden Industrie meist nicht. Denn die einheimischen Absatzmärkte sind viel zu klein für eine kostengünstige Massenproduktion, und der Transport sowohl der Rohstoffe wie der fertigen Waren von und zu den Kleinstaaten verursacht immense Kosten. Die Staaten sind somit gezwungen, elementare Produkte wie Treibstoffe, Maschinen und Kosumgüter für teures Geld zu importieren. Erstaunlich sind auch die hohen Importe an Nahrungsmitteln, die in Tonga an 1. Stelle, in West-Samoa an 2., in Am. Samoa an 3. und in Fiji an 4. Stelle der Importstatistik stehen. Es sind vor allem der Ausbau des Tourismus und daneben die veränderten Ansprüche der Bevölkerung, die diese Importe nötig machen.

Einen großen Teil der Staatseinnahmen macht die Entwicklungshilfe aus. Vor allem Australien, Japan, die USA und Neuseeland, die Asiatische Entwicklungsbank, der Internationale Währungsfonds, die EG und die Vereinten Nationen gewähren Gelder für Bau- und Ausbildungsprojekte, Programme zur Ankurbelung bzw. Diversifizierung der Wirtschaft, günstige Kredite, sowie Zahlungen aus Sonderfonds und technische Hilfe zum Wiederaufbau bei Katastrophenfällen. Fiji und West-Samoa kommen in den Genuß von Leistungen der EG wie dem STABEX-Fond, mit dem Preisschwankungen bei landwirtschaftlichen Produkten ausgeglichen werden. Außerdem garantiert die EG Fiji die Abnahme von ca. einem Drittel seines Zuckerexportes zu einem garantierten Mindestpreis im Rahmen des Lomé-Abkommens.

Fiji erhielt 1988 eine Gesamtsumme von 54,5 Mio. US $ Entwicklungshilfe. West-Samoa bekam 30 Mio. US $ und Tonga 18,8 Mio. US $. Die Vereinigten Staaten zahlten Am. Samoa 1989 45 Mio. US $ Wirtschaftshilfe, das war in etwa die Hälfte der Staatsausgaben. Die Geldüberweisungen der im Ausland beschäftigten Samoaner, Tonganer und Fijianer an die Daheimgebliebenen machen einen wichtigen Teil der Devisen aus, die in die Länder fließen: In Tonga z. B. betragen sie etwa 20 % des Bruttoinlandproduktes, in West-Samoa sogar 30 %.

Goldesel Tourismus?

Die meisten Länder des Südpazifiks sehen im Tourismus die größte Chance, ihrer wirtschaftlichen Misere zu begegnen und räumen ihm Priorität ein. Fiji, die beiden Samoas und Tonga wollen ihre Hotelbettkapazitäten steigern und mehr Besucher ins Land locken. Der Tourismus ist in diesen Ländern nicht überall gleich entwickelt. West- und Am. Samoa bemühen sich erst seit etwa 1990 verstärkt, den Fremdenverkehr stärker zu fördern. Mit jeweils etwa 45 000 Besuchern 1990 hatten sie schon erste Erfolge zu verzeichnen. In Tonga bestreitet der Tourismus zwar bereits 34 % der Staatseinnahmen, jedoch ist der Besucherzustrom mit 21 000 Urlaubern 1990 noch nicht als Massentourismus zu bezeichnen. In diesen drei Ländern hat der Tourismus einen eher betulichen Charakter; kleinere Hotels und Guest Houses dominieren und große Hotelkomplexe ausländischer Investoren sind die Ausnahme.

Fiji dagegen ist ein Touristenzentrum des Pazifiks mit der Rekordzahl von über 270 000 Besuchern im Jahre 1990. Das Land erhielt daraus etwa 300 Mio. F $, das entspricht den Einnahmen aus den Hauptexportprodukten Zucker und Gold zusammen. Mehr als die Hälfte der Einnahmen aus dem Tourismus verläßt das Land jedoch wieder, vor allem für die Lebensmittelimporte und die Rückführung der Profite an die Mutterunternehmen im Ausland.

Die Zahl der Hotelbetten soll weiter gesteigert werden: bis 1995 sollen sie sich auf 7000 Zimmer verdoppeln und bis zum Jahr 2000 sogar verdreifachen. Investoren lockt man vor allem mit Steuer- und Zollvergünstigungen an. Japanische, australische und amerikanische Investoren bauen meist große Hotelkomplexe mit Tennis- und Golfplätzen und luxuriöse kleinere Hotels, in denen man zu zweit für bis zu 1000 US $ pro Tag residieren kann. So ist Fiji vor allem auf Kongreßtouristen aus und auf Honeymoon-Reisende, denen das Geld während der kurzen Hochzeitsreise locker sitzt.

Die Vermarktung des Tourismus wird vom Tourism Council of the South Pacific (TCSP) für alle 14 Mitgliederstaaten gemeinsam gemanagt. Es besteht seit 1983 und wird von der EG finanziert. Von der Erschließung neuer Touristenmärkte in Asien und Europa verspricht man sich einen großen Erfolg. Das TSCP findet man daher auch auf den jährlichen großen Touristikmessen in London und Berlin.

Trotz der Zuwachsraten für alle 4 Staaten 1990 ist der Tourismus eine äußerst unsichere Sache, denn die Abhängigkeit von anderen Faktoren ist groß und kann eine positive Jahresbilanz schnell ins Gegenteil verkehren.

Die Bereitschaft von Touristen, ein Land zu bereisen, hängt stark von dessen politischer Stabilität ab. Nach den beiden Militärcoups in Fiji z.B. ging die Besucherzahl 1988 drastisch zurück. Australier stehen an der Spitze der Besucherstatistik, gefolgt von Neuseeländern, Amerikanern und Japanern. 1991 machte sich die Rezession in Neuseeland und Australien und das geringe wirtschaftliche Wachstum in Japan auch im Pazifik-Tourismus bemerkbar. Konkurrenz erhalten die Pazifikstaaten auch von billigeren Reisezielen in Asien, wie z.B. Indonesien (Bali) und Thailand.

Der pazifische Tourismus ist abhängig von attraktiven Flugverbindungen. Nachdem Canadian Airlines und American Airlines wegen fehlender Auslastung ihre Flüge nach Fiji 1991 eingestellt haben, sind Air New Zealand und Quantas jetzt die einzigen Fluglinien, die Nadi noch im Zwischenstop anfliegen. Die pazifischen Staaten besitzen zwar fast alle ihre eigene Fluggesellschaft, haben jedoch kaum Kapazitäten, ihren Flugverkehr auszudehnen; vielmehr kämpfen sie sogar meist selbst um das ökonomische Überleben. Die einzige größere und lebensfähige Fluggesellschaft ist die fijianische Air Pacific, die die Flugverbindung nach Japan ausbauen will und neue Landeziele in Asien anstrebt.

Die regionale Zusammenarbeit der pazifischen Staaten

Ähnliche wirtschaftliche Probleme, die Abgelegenheit und die kleinen heimischen Märkte lassen eine regionale Zusammenarbeit zwischen den pazifischen Staaten logisch erscheinen. Dies ist jedoch nicht so einfach, da es viele unterschiedliche Interessen, Voraussetzungen und Rivalitäten unter ihnen gibt. Trotzdem wurden im Rahmen des South Pacific Forum diverse Unterorganisationen gegründet, Abkommen ratifiziert und Geldtöpfe eingerichtet, die den gemeinsamen Interessen der Forum-Staaten zugute kommen. Neben dem Forum Secretariat, das vor allem die Wirtschaftskooperation fördern soll, existiert die Forum-Line, die mit finanzieller Unterstützung Australiens und Neuseelands den regelmäßigen Schiffsverkehr zwischen den Forum-Staaten sicherstellt und damit jedem die Möglichkeit gibt, am Handel teilzunehmen.

Die Fischereibehörde South Pacific Forum Fisheries Agency (SPFFA) erstellt in erster Linie wissenschaftliche Studien und hat beratende Funktionen in allen Fragen, die sich um die Meeresressource Fisch drehen: zum Fischreichtum, zur Fischereigesetzgebung, zum Fischereimanagement, zur Preis- und Fanglizenzpolitik usw. Aufgrund von Differenzen zwischen den Forumsmitgliedern konnte man sich jedoch bisher auf keine einheitlichen staatsübergreifenden Kompetenzen der SPFFA einigen, so daß die einzelnen Staaten z. B. selbst entscheiden, an welche Länder und zu welchen Bedingungen sie die begehrten Fanglizenzen vergeben. Bisher einmalig ist daher der Vertrag, der 1988 zwischen den USA und den Mitgliedern der SPFFA zustandekam und die Wichtigkeit der Meeresressourcen ahnen läßt: Für 5 Jahre Fischereirechte in den 200-Seemeilen-Wirtschaftszonen der Südpazifikstaaten zahlen die USA 60 Mio. US $. Ein Problem liegt in der illegalen Fischerei, die vor allem von asiatischen Fischfangflotten in den pazifischen Wirtschaftszonen praktiziert wird. Sie kann kaum unterbunden werden, da nicht genügend Überwachungsboote zur Verfügung stehen.

Eines der wichtigsten wirtschaftlichen Abkommen ist „SPARTECA“ (South Pacific Regional Trade and Economic Cooperation Agreement), das den meisten Exportprodukten der südpazifischen Inselstaaten den zollfreien Zugang zu den beiden größten regionalen Märkten Australien und Neuseeland sichert. Den typischen pazifischen Handelsprodukten gelang es dadurch, den neuseeländischen und australischen Markt zu erobern und sich gegen die große Konkurrenz der südostasiatischen Produzenten durchzusetzen. Vermarktet werden die pazifischen Produkte von Sydney aus durch die South Pacific Trade Commission. Sie ist auch dafür zuständig, Investoren zu beraten und ihnen die Geldanlage in den Inselstaaten schmackhaft zu machen.

Die Meeresressourcen der Zukunft

Das sicherlich größte Entwicklungspotential für die pazifischen Staaten liegt im Meer. Einen entscheidenden Schritt zur Sicherung ihrer Rechte machten die Inselstaaten in den 70er Jahren, als sie eine 200-Seemeilen-Wirtschaftszone um ihre Staatsgebiete beanspruchten. Mit der Verabschiedung der UNO-Seerechtskonvention von 1982 wurden diese Ansprüche offiziell anerkannt. Die Staaten haben somit das Recht, das Gebiet innerhalb ihrer 200 Seemeilen-Wirtschaftszone exklusiv zu nutzen. Die pazifischen Staaten haben daher aufgrund der Vielzahl und Verstreutheit der Inseln ein riesiges Areal zur Verfügung, das sie zu Seegroßmächten macht.

Ein anderer Aspekt des Meeresreichtums sind mineralische Rohstoffe, die sich auf dem Meeresgrund befinden. Zwar liegen die größten Lagerstätten an Manganknollen, die auch Kobalt, Zink, Titan und andere Mineralien enthalten, außerhalb der 200-Seemeilen-Wirtschaftszonen, jedoch könnte sich daraus für die meisten Südpazifikstaaten ein einträgliches Geschäft ergeben. Wenn sie aus Kostengründen schon die Ressource nicht selbst fördern können, werden sie sich sicher nicht scheuen, Lizenzen für den ökologisch bedenklichen Raubbau zu verkaufen, um an die begehrten Devisen zu kommen.

1. Die Land- und Ressourcenarmut Tongas

Tongas Möglichkeiten der wirtschaftlichen Entwicklung sind sehr begrenzt – Bodenschätze fehlen völlig, und die Volkswirtschaft beruht auf der Landwirtschaft. Dreiviertel der Menschen leben auf dem Land und produzieren für den Eigenbedarf, den lokalen Markt und den Export. Hauptanbauprodukte für den Export sind seit dem letzten Jahrhundert Bananen und Kokosnüsse. Die getrockneten Kokosnüsse werden seit den 70er Jahren zu Öl weiterverarbeitet; als neue Produkte sind Kürbisse, Vanille, Ingwer, Melonen und Tomaten hinzugekommen. Der Agrarsektor ist mit seinem 75 %-Anteil an der Exportstatistik ausgesprochen wichtig. Tongas wirtschaftliche Probleme liegen unter anderem in der Unausgeglichenheit des Handels: Exportiert wurde 1986 für nur rund 5 Mio US $, während die Einfuhrstatistik Waren im Wert von 38 Mio. $ angibt. Dem Dilemma des Finanzdefizites versucht der Staat zu begegnen, indem er neue Einnahmequellen sucht und auf den hauptsächlichen Devisenbringer baut: das Tourismusgeschäft, das allein 34 % zum Bruttoinlandprodukt einbringt. Die Geldüberweisungen der ins Ausland emigrierten Tonganer (20 % des Bruttoinlandproduktes) und die Entwicklungshilfe (20 %) tragen zur Deckung der nationalen Ausgaben bei. Die hohen Kosten z. B. für Infrastruktur, Wiederaufbaumaßnahmen der Schäden, die durch Wirbelstürme verursacht werden, sonstige Entwicklungsprojekte und die Gehälter für die Staatsangestellten können auch durch hohe Steuereinnahmen nicht ausgeglichen werden.

Die Inflationsrate Tongas ist eine der höchsten unter den südpazifischen Inseln: Im Januar 1990 lag sie bei 13,9 %. Die tonganische Währung, der Pa'anga oder tonganische Dollar (T $), war früher an den australischen Dollar gebunden, so daß der Kurs des Pa'anga abhängig von der australischen Wirtschaftslage war. Seit Anfang 1991 wird der Kurs nun täglich von der heimischen National Reserve Bank aus dem Verhältnis der Währungen von Tongas hauptsächlichen Handelspartnern Neuseeland, Australien, USA und Japan ermittelt.

Das Land – lebenswichtige und knappe Ressource

Land ist die wichtigste Ressource Tongas, sowohl für den Lebensunterhalt und Gelderwerb des einzelnen wie für die Wirtschaftskraft des Landes. 1882 wurde ein Gesetz verabschiedet, das auch heute noch gilt: jeder Tonganer über 16 Jahre hat das Recht auf zwei Stück Land: Der etwa 3,4 ha große Ackerboden sollte das Wohlergehen der Familie und die Steuerzahlung an den Staat sichern, eine Dorfparzelle von etwa 0,2 ha das Wohnen.

Das Problem ist jedoch, daß sich die Grundbedingungen von damals verändert haben. Gab es zur Zeit des Gesetzes genug Land für die rund 20 000 Menschen, besteht heute extremer Landmangel für die auf das Sechsfache gewachsene Bevölkerung. Tongas Landfläche – mit 2831 km^2 etwa so groß wie das Saarland – verteilt sich auf ein riesiges Areal von 259 000 km^2 Meeresfläche und 171 Inseln, von denen jedoch nur 36 Inseln bewohnt sind. Die Bevölkerungsdichte liegt im Durchschnitt bei 156 Menschen pro km^2 (vgl. Bayern: 159 Menschen/km^2), rangiert jedoch von 43 Einwohnern/km^2 auf der kleinen Insel Niua bis zu 222 Einwohnern/km^2 auf der größten Insel Tongatapu mit der Hauptstadt Nuku'alofa. Es ist jedoch nicht nur der Mangel an Land, der viele Tonganer landlos macht und ins Ausland gehen läßt, sondern auch die Landvergabe- und Landnutzungspraxis. Der Landverkauf ist verboten, und Pachtzeiten liegen normalerweise bei 10–50 Jahren. Das gesamte Land ist zwar offiziell im Besitz der Krone, jedoch werden 73 % des Landes von den Nopele verwaltet. Heute sind rund $^3/_5$ der Bevölkerung im rechtlichen Sinne landlos, da ein sicherer Anspruch auf ein Stück Land nur durch Registrierung im Landregister gewährleistet ist, gleichgültig, ob es nach dem sogenannten traditionellen Recht zugeteilt oder gepachtet wird. Geschätzt wird, daß nur 45 % des Landes offiziell registriert sind, denn Doppel- und Fehlregistrierungen geben keinen exakten Überblick. Ein Großteil des Landes wird im Einvernehmen zwischen Nopele und Pächter als Gewohnheitsrecht oder aufgrund mündlicher Zusagen genutzt. Dies ist vor allem für Pächter, die sich nicht auf das Gewohnheitsrecht berufen können, eine unsichere Angelegenheit, da der Nopele das Land theoretisch jederzeit an eine andere Person vergeben kann. Die jährliche Pachtsumme ist zwar gesetzlich auf einen Minimalbetrag festgesetzt, die Praxis macht jedoch eine sehr viel höhere Zahlung üblich, die als „freiwillige traditionelle Abgabe" oft in Form von Naturalien erfolgt. Die Nopele haben ein Interesse an diesen informellen Verpachtungen, da ihnen Pachtsumme und Abgabe direkt zufließen. Bei Abschluß eines offiziellen Pachtvertrages und der damit verbundenen Landregistrierung geht der Erlös dagegen an die Regierung, die lediglich 10 % an den Nopele weitergibt. Die Abhängigkeit des Pächters vom Wohlwollen eines Nopele zeigt sich auch im Vetorecht, das dieser bei Landverpachtungen hat, die über die Regierung eingeleitet werden. Ein Nopele kann jederzeit seine Zustimmung zur Verpachtung verweigern, wenn er andere Pläne für die Landnutzung hat. Diese können vielfältig sein, denn ihm wird nicht vorgeschrieben, wieviel des von ihm verwalteten Landes er für sich und seine Familie reservieren darf. Dies wird von vielen dazu ausgenutzt, große Plantagen anzulegen und den Gewinn daraus einzustreichen.

Ein weiteres Problem der Landknappheit ist, daß im Ausland lebende Migranten ihr Land brach liegenlassen. Sie scheuen sich, langfristige Nutzungsrechte zu vergeben, da sie zum einen befürchten, daß der Boden durch intensive Nutzung ausgelaugt ist, wenn sie wieder nach Tonga zurückkehren. Zum anderen könnte aus einer langfristigen Verpachtung des Landes Gewohnheitsrecht geltend gemacht werden und der Wiederkehrer stünde ohne Land da.

Gerade junge Leute sind von der Landknappheit betroffen und können heute kaum auf das ihnen zustehende Land hoffen, es sei denn, sie erben das Stück Land des Vaters. Dies ist einer der Gründe, daß viele Jugendliche in die Stadt gehen, vor allem nach Nuku'alofa. 28 000 Einwohner sind aber zu viele, um allen einen angemessenen Wohnplatz zu gewähren, denn gerade in der Stadt ist Land knapp. 1982, als der Zyklon Isaac viele Menschen obdachlos machte und die Wirtschaft um 5 Jahre zurückwarf, wurden in Nuku'alofa das letzte Mal städtische Grundstücke vergeben. Jedoch mußte zum Äußersten gegriffen werden, indem ein Sumpfgebiet zum Wohngebiet umgestaltet wurde. Viele Tonganer leben dort auch heute in ärmlichen Verhältnissen, während die Preise für ein Pachtgrundstück in Nuku'alofa bis zum außergewöhnlichen Spitzenpreis von 150 000 T $ für eine 10-Jahrespacht eines etwa 250 m^2 großen Grundstücks hochgeschnellt sind.

Die Suche nach neuen Einnahmequellen

Das Ungleichgewicht der Handelsbilanz und hohe Staatsausgaben lassen die Regierung immer wieder nach neuen Einnahmequellen suchen. So werden seit einigen Jahren Reiseutensilien, Strickwaren und andere Kleidungsstücke produziert, wie z. B. Jacken, die aus importiertem neuseeländischem Leder gefertigt werden. Eine Saftfabrik stellt Passionsfruchtsaft für den Export her; und Briefmarken in Form von Bananen und Ananas sind hübsche Beispiele für die unter Philatelisten begehrten Marken, die ebenfalls zum Einkommen des Staates beitragen.

Jede sich bietende Möglichkeit, Geld zu verdienen, wird geprüft: Ein von der Regierung befürworteter Plan ist die Verbrennung von 30 Millionen alter amerikanischer Reifen, um Strom zu gewinnen und die teuren Treibstoffimporte zu reduzieren. Doch die Gefahren, die beim Verbrennen der Reifen drohen, wie das Freiwerden von Dioxin und PCBs und die Rückstände giftiger Stoffe in der Asche, wie z. B. Zink, sind auch den Pazifikern bekannt. Die Proteste in der Bevölkerung mehren sich, und die Entscheidung über das Projekt ist noch nicht gefällt.

Die Suche nach eigenen Ölvorkommen geht trotz erfolgloser Bohrungen bis zu 2600 m Tiefe weiter, nachdem geologische Untersuchungen Hoffnung auf eigene Ölvorräte machen. Der Plan, Rohöl aus Iran zu importieren und eine Raffinerie aufzubauen, wird in Tonga wegen der hohen Kosten von ca. 100 Mio. $ und der Umweltverschmutzung stark kritisiert. Die Unwirtschaftlichkeit des Unterfanges ist offensichtlich, die endgültige Entscheidung darüber steht jedoch noch aus.

Kronprinz Tupouto'a, Außen- und Verteidigungsminister, hatte die Idee, einen kleinen Atomreaktor für 12 Mio. $ anzuschaffen, der nach seiner Ansicht eine einfache, billige und saubere Lösung für die Energieprobleme des Landes wäre. Dieser Plan hat wohl kaum Chancen, realisiert zu werden. Er zeigt jedoch, daß sich Tonga aufgrund der Abhängigkeit von kostspieligen Importwaren und der unausgeglichenen Handelsbilanz stark unter Druck sieht, sich auf Projekte einzulassen, die erst einmal billig sind oder Geld einbringen, sich langfristig jedoch oft nicht rentieren und in vielen Fällen nur auf Kosten der Umwelt und Gesundheit der Menschen realisierbar sind.

Eine einträgliche Einnahmequelle scheint der auf Anraten eines amerikanischen Geschäftsmannes erfolgte Einstieg in die Telekommunikation zu werden. Tonga war vorausschauend, als es sich 1988 16 Satellitenkanäle reservieren ließ, die die Kommunikation zwischen den USA und der Südostasien-/Pazifikregion ermöglichen und etwa 60 Länder untereinander verbinden. Die Reservierung der Zugänge wurde vom 116 Mitgliederstaaten umfassenden Intelsat-Konsortium bestätigt, und Tonga bietet die Satellitenzugänge zur Verpachtung an. Die Einnahmen daraus sollen jährlich rund 2 Mio. US $ einbringen.

Mit seinen Paßverkäufen an einbürgerungswillige, vor allem asiatische Ausländer, hat die Regierung viel Kritik ausgelöst. Neben den politischen Bedenken stand die Furcht vor einer Flut von Einwanderern, da die Tonganer genug mit der eigenen Überbevölkerung und Landknappheit zu kämpfen haben. Größere Investitionen sind von den neuen tonganischen Staatsbürgern kaum zu erwarten. Für sie zählt nur der Paß, nicht das Land Tonga.

2. West-Samoa: Staatswirtschaft und Migration

Ganz anders als sein östlicher Nachbar Am. Samoa ist West-Samoa angewiesen auf seine eigenen wirtschaftlichen Bemühungen. Auch hier hat die moderne Entwicklung in der Wirtschaft Einzug gehalten, und mit ihr kamen Abhängigkeit vom Weltmarkt und veränderte Lebensgewohnheiten. Bescheidene Devisen bringen neben dem Tourismus der Export von Kokosöl, Kokosmilch, getrocknete Bananenchips, Bier, Seife, Kakao und Bananen. Seit einigen Jahren verkauft West-Samoa die Knollenfrucht Taro an die beiden wichtigen Handelspartner Neuseeland und Am. Samoa. Kopra, ehemals wichtigstes Exportgut des Landes, wird derzeit wegen der niedrigen Preise auf dem Weltmarkt nur wenig verkauft. Für viele Produzenten lohnt sich der Verkauf nicht. Hauptlieferant der Agrarprodukte sind die staatlichen und privaten

Plantagen. Die Dörfer produzieren, ähnlich wie in Am. Samoa, weitgehend subsistenzorientiert. Möglichkeiten Geld zu verdienen gibt es im Agrarland West-Samoa nur wenige. Die Hälfte der ökonomisch aktiven Personen sind als unbezahlte Arbeitskräfte in der Subsistenzwirtschaft tätig. Eine kleine Verarbeitungsindustrie, die vorwiegend für den nationalen Markt produziert, hat sich in Apia niedergelassen und beschäftigt etwa 1500 Menschen (PIY 1989: 635). Größter Arbeitgeber ist der Staat. Ihm gehören viele der Unternehmen West-Samoas entweder allein oder in Gemeinschaft mit lokalen und ausländischen Unternehmern. So die Vailima-Brauerei (mit 50 % deutschen Anteilen), eine Zigarettenfabrik (mit Rothman International), das Hotel Tusitala und der staatliche National Provident Fund, eine Art Rentenversicherung. Das größte staatliche Unternehmen ist die Western Samoan Trust Estates Corporation (WSTEC).

Das Ende der Staatswirtschaft?

Die WSTEC ist die Nachfolgerin der Godeffroy-Plantagen aus dem letzten Jahrhundert. 1914 übernahm die neuseeländische Kolonialverwaltung die Ländereien des deutschen Unternehmens und bewirtschaftete die Plantagen zur Finanzierung der öffentlichen Aufgaben weiter. Im Jahre 1957 gingen die Ländereien, jetzt WSTEC genannt, in die Hände des samoanischen Staates über.

Mittlerweile werden die Plantagen neben Kopra auch für Kakao, Bananen und Vieh genutzt. Zu dem Besitz gehören eine Seifenfabrik, eine Schlachterei und eine Anlage zur Herstellung von Kokosöl. Als die WSTEC 1957 übergeben wurde, erwirtschaftete sie gute Gewinne. 1988 dagegen machte sie schätzungsweise zwischen 5 und 6 Mio. Tala Verluste im Jahr und soll insgesamt mit 50 Mio. Tala in der Kreide stehen (IBN 2/89: 55). Ein Grund ist, daß die Preise, die West-Samoas Hauptexportartikel auf dem Weltmarkt erzielen, seit Beginn der 80er Jahre stark rückläufig sind. Ein anderer sei, so meinen Wirtschaftsexperten, die fortgesetzte Mißwirtschaft, die zuweilen bis zu Diebstahl und Bestechung unter den Angestellten führt. Die Direktoren

Abb. 5: Große Kirchenbauten, wie in Apia häufig, gibt es selbst in den Dörfern. Sie sind nicht nur Zeichen von Frömmigkeit, sondern bedeuten auch Prestige für ihre Erbauer. (Foto: Tourism Council of the South Pacific)

der WSTEC werden von einem Politikergremium ernannt und haben weitgehende Entscheidungsbefugnisse auch über den Kopf der eigentlichen Geschäftsführung hinweg. Da oft Korruption und familiäre Bindungen über eine Ernennung entscheiden, deckt sich der Prestigegewinn nicht immer mit den Fähigkeiten des Ernannten.

Die Regierung Tofilau Etis und seine Human Rights Protection Party machen sich seit ihrer Wiederwahl im April 1991 stark für eine weitere Privatisierung staatlicher Unternehmen, von denen noch mehrere in den roten Zahlen stecken. 1990 wurde das Hotel Tusitala verkauft, und Unternehmen der WSTEC sollen folgen (IBN 5/91: 16).

Nicht nur die staatlichen Betriebe arbeiten mit Verlusten und belasten den öffentlichen Haushalt. Den größten Teil der Staatsausgaben verbrauchen die Lehrer, Krankenschwestern, Ärzte und Angestellten im öffentlichen Dienst und nicht zuletzt die Politiker mit ihrem unverhältnismäßig hohem Repräsentationsaufwand.

Geldsendungen aus Neuseeland

Ohne die Geldsendungen der Samoaner, die in Neuseeland und Am. Samoa arbeiten, könnte das Land seine hohen Ausgaben nicht bestreiten. Allein 45 000 Samoaner lebten 1981 in Neuseeland und weitere 10 000 in Am. Samoa. Seitdem ist ihre Zahl dort noch angestiegen (Buchholtz 1984: 214). Zwischen 70 und 100 Mio. Tala schicken sie jährlich heim nach West-Samoa. Mit diesem Geld bezahlen die Verwandten Schulgeld und Transportkosten, bauen Kirchen, Schulen und Straßen. Gleichzeitig sind die Ansprüche an moderne Gebrauchsgüter gewachsen und die Importraten drastisch gestiegen. Durch Exporte eigener Produkte kann West-Samoa seinen Bedarf nicht decken, und das Außenhandelsdefizit wächst ständig. Längst sind Entwicklungshilfe und Auslandskredite ebenso notwendiger Bestandteil der Wirtschaft geworden wie die Geldsendungen aus dem Ausland. Letztere jedoch sind in den letzten Jahren wegen der anhaltenden Wirtschaftskrise in Neuseeland um 10 % zurückgegangen. Es ist nicht abzusehen, daß sich diese Situation in naher Zukunft ändern wird.

Um der Misere abzuhelfen, versucht die Regierung durch Steuer- und Zollerleichterungen ausländische Investoren ins Land zu holen. Bislang hat sie damit erst mäßigen Erfolg. Außerdem hoffen Entwicklungsplaner, die Dörfer durch gezielte Programme zu größeren landwirtschaftlichen Leistungen anzuregen. Seit 1977 wurden über 300 Projekte in 120 Dörfern ins Leben gerufen. Um die Produktion von Handelsgewächsen und die kommerzielle Tierhaltung anzuregen, wurden den Dorfbewohnern Zäune, Boote, Futtermittel und Lagerräume zur Verfügung gestellt und die Wasserversorgung in den Dörfern verbessert (Fairbairn 1985: 353). Noch haben die landwirtschaftlichen Entwicklungsprojekte nicht die gewünschten Erfolge, und die meisten Dorfbewohner ziehen es noch immer vor, ihr Land nicht für den kommerziellen Anbau zu nutzen. Ob sich daran in naher Zukunft etwas ändern wird, ist fraglich.

3. Amerikanisch-Samoa: US-Dollars und Fischkonserven

Die Wirtschaft des östlichen Teils der Samoa-Inseln ist durch seine politische Bindung eng mit den Vereinigten Staaten von Amerika verknüpft. Als „unincorporated territory" bezieht es die Hälfte seiner Staatseinnahmen aus Washington. Amerikanische Wirtschaftsinteressen haben die Fischverarbeitungsfabriken nach Pago Pago gebracht, die einen großen Teil der Staatseinnahmen durch Steuern, Zölle, Löhne erwirtschaften und die lokale Kleinindustrie und Geschäfte am Leben halten. Darüberhinaus sind die Geldsendungen der Verwandten, die in Hawaii und auf dem amerikanischen Festland leben, unersetzlicher Bestandteil der samoanischen Wirtschaft geworden. Politische Unabhängigkeit von Amerika ist daher für die meisten Ost-Samoaner kein Thema.

Die Modernisierungswelle der 60er Jahre

Die USA sind an der finanziellen Abhängigkeit Ost-Samoas nicht ganz unschuldig. Anfang der 60er Jahre wurde vom damaligen Gouverneur Rex Lee ein Entwicklungsprogramm in die Wege geleitet, das die Inseln – nach amerikanischen Maßstäben – in die moderne Welt katapultieren sollte. Es wurden Straßen, Schulen, Krankenhäuser und der Flughafen gebaut und die Hafenanlagen auf den neuesten technischen Stand gebracht. Damit waren die Voraussetzungen geschaffen, daß sich die beiden Konzerne Heinz und Van Camp mit ihren Fischverarbeitungsfabriken in Pago Pago ansiedelten (1954 und 1963). Das neugebaute Hotel Rainmaker sollte die Touristen aufnehmen, deren Ankunft erwartet wurde. Diese Prognose hat sich bislang nicht erfüllt, Tourismus spielt im Unterschied zu Fiji und Tonga noch eine untergeordnete Rolle in der Wirtschaft des Landes. Vor kurzer Zeit überholte der Staat das heruntergekommene Hotel, um einen Teil der Besucher, die derzeit den Pazifik überschwemmen, nach Pago Pago zu leiten. Da jedoch Samoa nicht auf einer der üblichen Transpazifik-Flugrouten liegt, wird es größerer Anreize als des Rainmaker-Hotels bedürfen, um zu einer ernstzunehmenden Konkurrenz für die drei anderen Länder zu werden.

In den 60er Jahren setzte die amerikanische Verwaltung ein gewaltiges Anglisierungsprogramm in Gang. Auf sechs Kanälen strahlte ein Fernsehsender Schulprogramme über den ganzen Tag aus, die die englische Sprache auf Am. Samoa verankern sollten. Das erklärte Ziel war, die Samoaner sprachlich konkurrenzfähig zu machen, um in modernen Lebenszusammenhängen zu bestehen. Tatsächlich haben die Samoaner einen hohen Bildungsgrad erreicht. Das vorbildliche Bildungsfernsehen ist heute den amerikanischen Shows, Serien und Nachrichten gewichen.

Die positiven Effekte dieser Modernisierungswelle zeigen sich wohl am besten darin, daß Am. Samoa heute zu den Ländern mit der höchsten Lebenserwartung, der geringsten Säuglingssterblichkeit und dem höchsten Bildungsgrad im Pazifik gehört. Darüberhinaus ist das Land Teil des amerikanischen Wohlfahrtsystems, und Samoaner erhalten Altersrenten und Arbeitslosenunterstützung. Doch die Erhaltung der sozialen Einrichtungen und Dienstleistungen und die veränderten Konsumerwartungen der Einwohner kommen das Land teuer zu stehen. Allein die Hälfte der Staatsausgaben geht an die Beschäftigten im öffentlichen Dienst, die wiederum 30% aller im Land Beschäftigten ausmachen. Die Importraten an Lebensmitteln, Autos, Fernsehern und anderen Gebrauchsgütern sind hoch, und man schätzt, daß die Lebenshaltungskosten in den letzten fünf Jahren um ein Viertel gestiegen sind. Eine Folge der gewachsenen Ansprüche an den Lebensstandard ist, daß viele Samoaner auf der Suche nach einer Arbeit, die ihrem Bildungsgrad entspricht, das Land verlassen haben. 25000 leben auf Hawaii und 30000 auf dem amerikanischen Festland, das sind doppelt soviele Menschen wie in Am. Samoa selbst leben (Kreisel 1990: 186). Viele sind bereits außerhalb Samoas geboren, und es ist unwahrscheinlich, daß sie je in ihr Heimatland zurückkehren. Mit ihren Geldsendungen schaffen es die Daheimgebliebenen, den hohen Lebensstandard aufrechtzuerhalten. Andere Verdienstmöglichkeiten als den öffentlichen Dienst und die Fischfabriken bietet Am. Samoa kaum. In den Fischfabriken arbeiten vor allem Tonganer und West-Samoaner. Die Dorfbewohner produzieren noch immer vorwiegend für den eigenen Bedarf, und Geldeinnahmen aus agrarischen Erträgen sind unbedeutend.

Belastet durch die großen Anforderungen an den Staat ginge es ohne die Finanzspritzen aus Washington kaum. Die Hälfte der 90 Mio. US $, die Am. Samoa 1989 ausgab, kam direkt aus Bundesmitteln der USA (IBN 2/90: 25). In den letzten Jahren jedoch gerät Am. Samoa zunehmend unter Druck, da Washington auf größere wirtschaftliche Eigenständigkeit des Territoriums drängt. Es wird immer schwieriger, die nötigen Beträge an Bundesmitteln zugesprochen zu bekommen. Vergeben werden diese Mittel über das Ministerium des Inneren und dessen Büro für Territoriale und Internationale Angelegenheiten. Dort allerdings wird die Konkurrenz um die Bundesmittel schärfer, da das Budget für die amerikanischen Überseegebiete mit den Einrichtungen zur Erhaltung der Nationalparks und der Denkmalpflege geteilt werden muß. Zusätzlich müssen die Mittel für die Belange der indianischen Bevölkerung Nordamerikas ausreichen.

Seit Sommer 1990 wurden Gerüchte laut, daß die Thunfischindustrie Teile ihrer Produktionsstätten aus Pago Pago in kostengünstigere asiatische Länder verlegen will. Eine neue Verpackungstechnologie würde den Fangschiffen ermöglichen, den frischen Fisch nach Thailand zu liefern, ihn dort ausnehmen und kochen zu lassen. Vakuumverpackt würde der Fisch dann nach Pago Pago geliefert und in Dosen versiegelt werden. Auf diese Weise könnte der Fisch nach wie vor unter amerikanischer Flagge verarbeitet werden. Noch ist die Entscheidung nicht gefallen, aber die Regierung Am. Samoas ist beunruhigt. Denn 1990 verkaufte Van Camp sein Unternehmen in Pago Pago an eine indonesische Firma. Im gleichen Jahr schloß ein kleineres Unternehmen der Fischverarbeitung in Costa Rica, das dort zu ähnlichen Bedingungen produziert hatte wie Van Camp in Pago Pago. Zögen sich die Fabriken aus Samoa zurück, müßte der Staatshaushalt gewaltige Verluste hinnehmen. Die beiden Firmen Van Camp und Heinz sind die wichtigsten Steuerzahler und Arbeitgeber im Land. Sie hatten die Thunfischverarbeitung nach Pago Pago verlegt, weil die Einfuhr von Dosenfisch aus Am. Samoa auf den amerikanischen Markt keinen Beschränkungen unterliegt und zollgünstig ist. So können Marktanteile auf dem Kontinent gesichert werden, ohne daß die in den USA üblichen Löhne gezahlt werden müssen. Denn Am. Samoa ist für die Thunfischverarbeitung zwar das zweitteuerste Land auf der Erde, aber der billigste Produktionsstandort in den USA.

Sparpolitik und Lohnstopps

Zwar legt Washington auch für Am. Samoa einen Mindestlohn fest, bislang jedoch konnte die Thunfischindustrie Ausnahmegenehmigungen erreichen, um ihn zu unterbieten. Dazu müssen Anträge an das US-Arbeitsministerium gerichtet werden, und ein Ausschuß wird nach Anhörung der beteiligten Parteien entscheiden. Als im April 1991 Washington erneut die Mindestlöhne von 3,80 US $ auf 4,25 US $ pro Stunde anhob, zogen die Regierung Coleman und die amerikanische Thunfischindustrie einmütig an den politischen Fäden, um die Entscheidung des Arbeitsministeriums zugunsten der Industrien zu beeinflussen. Mit Erfolg: Die Löhne in Am. Samoa bleiben für die nächsten zwei Jahre auf 2,92 US $ für die Thunfischarbeiter und 2,17 US $ für die Angestellten im öffentlichen Dienst begrenzt. Die knapp 4000 Thunfisch-Arbeiter hätten einen Anstieg um 80 Cents gewünscht. Doch als „Gastarbeiter" aus West-Samoa und Tonga verfügen sie über keine Lobby im Land, Gewerkschaften gibt es in Am. Samoa nicht, und die Arbeiter kommen als Wähler nicht in Frage. Dabei könnte die Thunfischindustrie duchaus verkraften, höhere Löhne zu zahlen. Die Profite, die Heinz für seine Thunfischindustrie für das Jahr 1989 auswies, beliefen sich auf netto 72,5 Mio. US $ (PIM 7/91:59).

Neben der restriktiven Lohnpolitik setzt die Regierung auf weitreichende Einsparungen im öffentlichen Haushalt. Im Oktober 1989 mußten die Beschäftigten im öffentlichen Dienst 10 % Gehaltskürzungen hinnehmen, und jegliche Überstundenregelung wurde außer Kraft gesetzt. Coleman begründete das

Vorgehen damit, daß sonst viele Entlassungen nötig geworden wären, und die Kürzungen wurden ohne große Proteste akzeptiert. Einige Monate später, im Januar 1990, wurden die Schulen angehalten, den Unterricht zu verkürzen, um so an Gehältern für die Lehrer zu sparen. Gleichzeitig wurden die Steuern für Benzin, Tabak, Alkohol und Strom erhöht. Es scheint, als müßten Samoaner in Zukunft ihre hohen Erwartungen an einen modernen Lebensstandard herunterschrauben. Andere Möglichkeiten, Devisen ins Land zu bringen sind rar. Es gibt keine mineralischen Rohstoffe, und selbst eine stärkere Exportorientierung von agrarischen Produkten würde kaum ausreichen, die derzeit hohen Staatsausgaben des Landes zu decken. Die Thunfischindustrie wird auch in Zukunft das Rückgrat der Wirtschaft bleiben.

4. Fiji: Die Grenzen des Wachstums

Wie alle pazifischen Inselstaaten hat Fiji zunehmend Schwierigkeiten, die Lücke zwischen den Ansprüchen der Bevölkerung auf modernen Lebensstandard und den tatsächlichen Leistungen der Volkswirtschaft zu schließen. Dennoch sind die Handelsbilanzdefizite in der Relation zu anderen Entwicklungsländern gering. Nur 10 % seiner Staatseinnahmen werden durch Entwicklungshilfe bestritten, und Geldsendungen von Verwandten aus dem Ausland spielen kaum eine Rolle. Rückgrat der Wirtschaft ist neben dem Tourismus der Export von Zucker, der im Jahre 1990 über 50 % des Bruttoinlandproduktes ausmachte (PIM 6/91: 13). Die Zuckerindustrie beschäftigt derzeit jeden vierten Erwerbstätigen. Weitere Einnahmen bringen die Ausfuhr von Kopra, Holz, Gold und Fischereiprodukten. Die industrielle Verarbeitung der Agrarprodukte geschieht vielfach in Fiji selbst. Seit den 70er Jahren beliefert eine nationale Lebensmittel- und Gebrauchsgüterindustrie den lokalen Markt. Die angestrebte Selbstversorgung jedoch konnte nicht erreicht werden, und allein im Jahre 1986 überstiegen die Ausgaben für Einfuhren (knapp 500 Mio. F $) die Einnahmen aus Exporten um über

180 Mio. F $ (PIY 1989: 114). Beschäftigt sind in der Industrie derzeit knapp 20 % aller Erwerbstätigen, und neben Neukaledonien und Papua Neuguinea ist Fiji das am weitesten industrialisierte Land unter den pazifischen Staaten. Seit 1987 sind die Textilfabriken hinzugekommen, die unter günstigen Steuer- und Zollbedingungen allein für den Export produzieren. Fiji hat nicht nur mehr Industrien als die beiden Samoas und Tonga. Auch die dörflichen Haushalte sind sehr viel mehr in die kommerzielle Landwirtschaft eingebunden und fijianische wie indische Bauern produzieren sowohl für den Export als auch für den lokalen Markt.

Exportsteigerung und Landwirtschaft

Als die Kolonie in den 60er Jahren ihre Unabhängigkeit anstrebte, diskutierten westliche Wirtschaftsfachleute und fijianische Politiker lange, wie das Land nationale Eigenständigkeit auch in wirtschaftlicher Hinsicht erringen konnte. Die Interessen der Kolonialmacht England an der Vermarktung von Zucker und Kopra hatten seine wirtschaftlichen Strukturen nachhaltig geprägt. Daher konzentrierte sich die Entwicklungsplanung in den folgenden Jahren darauf, die Exporte an Zucker und Kopra zu steigern und die Palette der Produkte zu vergrößern, die auf dem Weltmarkt abgesetzt werden konnten.

In den Jahren zwischen 1958 und 1978 wurde die Fläche des kommerziell genutzten Landes auf der Hauptinsel Viti Levu verdreifacht. Auf diese Weise konnten die Erträge von Zucker gesteigert, Viehweiden angelegt, Bananen und Zitrusfrüchte angebaut werden. Ende der 70er Jahre war das meiste Land, das für intensive landwirtschaftliche Nutzung geeignet ist, urbar gemacht worden (Ward 1985: 44). Um den indischen Pachtbauern die Investitionen in Maschinen und in die Verbesserung des Landes zu erleichtern, wurde 1976 die Mindestpachtdauer von 10 auf 30 Jahre angehoben (Kreisel 1990: 237). Die fijianischen Dörfer sollten vom wirtschaftlichen Fortschritt nicht ausgenommen werden. Agrarberater wurden entsandt, um den Anbau von Exportgütern wie Bananen, Zitrus- und anderen Früchten, Ing-

Abb. 6: Kokosnüsse und Fischfang sind wichtige Nahrungsgrundlage und Einnahmequelle der Dorfbewohner auf den abseits gelegenen kleinen Inseln (das Dorf Nasau auf Koro in Fiji). (Foto: Anette Schade)

wer und Kakao anzuregen. Tatsächlich entstanden zahlreiche Kooperativen von fijianischen Landbesitzern, die für den Export produzierten. Es stellte sich aber bald heraus, daß sowohl die Transportmöglichkeiten unzuverlässig als auch die Absatzmärkte unsicher waren. Viele Projekte endeten daher als Mißerfolge. Vielversprechender für die fijianischen Dörfer war die Produktion von Feldfrüchten, Geflügel und Fleisch, die guten Absatz auf dem lokalen Markt fanden. Auf den entlegenen Inselgruppen Lomaivitis hat sich – ganz ohne staatliche Entwicklungsplanungen – die kommerzielle Nutzung von Kava durchgesetzt. Das Getränk Kava, das von allen Bevölkerungsschichten gern und häufig getrunken wird, erfährt in den letzten Jahren steigenden Absatz und erzielt stabile Preise. Kava kann zudem unter die Kokospalmen gepflanzt werden und erlaubt so gerade den kleinen Inseln die optimalere Nutzung des Bodens.

Fijianische Dörfer – Hindernis der modernen Entwicklung?

Intensivierung der Landwirtschaft ist das Stichwort der Entwicklungsstrategen der 80er Jahre. Um die Agrarexporte Fijis weiter zu steigern, ist es nicht mehr wie in den Jahren zuvor möglich, neue Landflächen der kommerziellen landwirtschaftlichen Nutzung zuzuführen. Jetzt heißt es, die Erträge auf dem bereits genutzten Land zu steigern. Seitdem westlich orientierte Planer in den 60er Jahren die Wirtschaft Fijis durchgreifend modernisieren wollten, wurden immer wieder Vergleiche zwischen der Produktivität der fijianischen und der indischen Landwirtschaft angestellt. Die indischen Pachtfarmer waren lange Zeit das wirtschaftliche Rückgrat des Landes und ihre Farmen galten als Vorbild für Ertragsmaximierung. Demgegenüber wurden die kommunalen Landrechte und die sozialen Verpflichtungen als Ursache für den mangelnden wirtschaftlichen Erfolg der Fijianer angeführt. Der Erfolg stelle sich dann ein, so wiesen Untersuchungen nach, wenn Haushalte die dörflichen Gemeinschaften verlassen und, wie die indischen Bauern, Land pachten, um es kommerziell zu nutzen. Auf diese Weise entgehen sie einem großen Teil der gemeinschaftlichen Verpflichtungen und den Landstreitigkeiten, die unter fijianischen Landbesitzern häufig geworden sind. Je weiter die Kommerzialisierung des Landes fortschreitet, desto mehr achten die landbesitzenden Gruppen darauf, daß die Grenzen ihres Territoriums beachtet werden. Mataqali (Verwandtschaftsgruppen), die arm an Land sind, können daher kaum noch auf das Land anderer Mataqali ausweichen. Innerhalb der Mataqali jedoch garantiert das kommunale Landrecht, daß niemand einen individuellen Anspruch auf ein Stück Land geltend machen kann und Verwandte können sich darüberhinaus bei Bedarf durchaus an Feldfrüchten bedienen. Um den Streitigkeiten und sozialen Verpflichtungen zu entgehen, pachten heute über 20 % aller fijianischen Haushalte in den ländlichen Regionen Land zusätzlich zu ihrem gemeinschaftlichen Besitz (Ward 1985: 22). Es ist offensichtlich, daß diese Galala-Bauern, wie sie genannt werden, wirtschaftlich erfolgreicher sind als die dörflichen Nachbarn und ihre Erträge denen der indischen Pachtbauern kaum nachstehen.

Wenn man die Produktivität der Dörfer mit den indischen und fijianischen Pachtfarmern vergleicht, sollte jedoch nicht vergessen werden, daß die Dörfer schlechtere Ausgangsbedingungen haben, das Land kommerziell zu nutzen. Wegen der Steilhänge und der damit verbundenen Erosionsgefahr gelten 70% des Bodens in fijianischem Besitz als ungeeignet für intensive Nutzung. Und vielleicht die Hälfte davon kann nur als Weideland genutzt werden. Der qualitativ beste Boden ist entweder bereits verpachtet oder in Privatbesitz (Ward 1985: 38).

Die marktorientierte Landwirtschaft bringt nicht nur Vorteile. So ist der Anbau von Feldfrüchten für die Subsistenz der Haushalte drastisch zurückgegangen. Dafür wird das Geld, das durch die Handelsgewächse verdient wird, für Konsumgüter und importierte Nahrungsmittel ausgegeben. Ein fijianischer Ethnologe beobachtete, daß in seinem Dorf lange nicht mehr soviel Yams und grünes Blattgemüse wie zu früheren Zeiten angebaut werden. Beides sind hochwertige Nahrungsmittel, die durch Maniok, Reis und Mehl ersetzt werden. Entwicklung, so kritisiert er seine Landsleute, werde mit westlichen Konsumgütern, Toiletten mit Wasserspülung, Straßen, Wellblechdächern und Schulgebäuden gleichgesetzt (Ravuvu 1988: 338). Das Fiji-Komitee für Ernährungsfragen warnt, daß bereits heute in den Dörfern Fehlernährung häufig ist. Abgesehen von der qualitativen Verschlechterung der Lebensmittel ist fraglich, ob die Intensivierung mit der damit verbundenen Verwendung von Schädlingsbekämpfungs-, Unkrautvernichtungs- und Düngemitteln für die Böden auf Dauer positive Wirkung zeigen wird.

Zuckerrohr und Politik

Als Rückgrat der Wirtschaft ist die Zuckerindustrie seit der Jahrhundertwende immer wieder zum Politikum geworden. Die indischen Zuckerrohrarbeiter streikten bereits in den frühen 20er Jahren um bessere Arbeitsbedingungen, und die ersten Gewerkschaften fanden ihren Rückhalt in den Zuckerrohrbauern, die die

Mühlen der Colonial Sugar Refining Company (CSR) belieferten. Aus einem Streik für bessere Zuckerrohrpreise im Jahre 1960 ging die indische National Federation Party hervor. Die National Farmers Union ist mit 23000 Mitgliedern heute die stärkste Einzelgewerkschaft in Fiji, die in der Lage ist, politischen Druck auszuüben.

Organisiert ist die Zuckerwirtschaft folgendermaßen: Die Fiji Sugar Corporation (FSC), als Nachfolgerin der Colonial Sugar Refining Company seit 1973 zu 98 % staatlich, unterhält die vier Zuckermühlen im Land. Das Zuckerrohr wird von kleinen Pachtbauern angebaut. Zu Beginn einer Zucker-Saison handeln die Vertreter der Zuckerrohrproduzenten mit der FSC nach Schätzungen aus, wieviel Zuckerrohr sie voraussichtlich liefern können und welchen Preis sie dafür erhalten. Berechnet werden die Preise nach dem Netto-Verkaufserlös, der zwischen Pflanzern (70 %) und Mühle (30 %) aufgeteilt wird. Trotz der schwankenden Preise auf dem Weltmarkt kann Fiji bislang seinen gesamten Zucker absetzen, und langfristige Abnahmeverträge wurden mit Malaysia, Singapur, Neuseeland, den USA und der Europäischen Wirtschaftsgemeinschaft geschlossen.

Auf dem Weg zum Billiglohn-Land

Als eine Folge der beiden Militärputsche erlitt die Wirtschaft Fijis schwere Rückschläge: Die Touristen blieben aus, die Kapitalinvestitionen aus dem Ausland flossen nur noch zögernd, Handelsabkommen waren in Gefahr. Seitdem hat die Regierung alles daran gesetzt, das Wirtschaftswachstum zu steigern.

Relativ übereilt richtete sie Freihandelszonen ein, die ausländischen und lokalen Unternehmern weitreichende Zoll- und Steuervergünstigungen anbieten, wenn sie in Fiji produzieren, vorausgesetzt sie verkaufen ausschließlich auf internationalen Märkten. Auf diese Weise, so hofft die Regierung, werde Kapital ins Land geholt und Arbeitsplätze geschaffen. Die Freihandelszone gilt derzeit als Erfolg, da Unternehmen, die unter diesen Bedingungen in Fiji arbeiten, bereits 1991 Exporte im Werte von 231,1 Mio. F $ auswiesen. Die neuen Industrien schaffen auch

Arbeitsplätze: Ende des Jahres 1987 waren 13482 Menschen in der Verarbeitungsindustrie beschäftigt. Zwei Jahre später sind es bereits über 22000 (PIM 11/1991:37). Größten Anteil daran haben die Textilfabriken, die überwiegend Frauen beschäftigen. Sie nähen Hemden, T-Shirts und andere Kleidungsstücke, die in Neuseeland und Australien verkauft werden. Die Löhne sind niedrig und die Arbeitsbedingungen schlecht. Viele der Frauen sind alleinerziehende Mütter, die froh sind, überhaupt eine Arbeit zu finden.

Kritiker der Freihandelszonen befürchten, daß hohe soziale Folgekosten entstehen werden. Außerdem bleibt abzuwarten, ob die Einbußen an Steuern, Zöllen und die hohen Kosten, die die nötigen Infrastrukturmaßnahmen mit sich bringen, die derzeitige Erfolgsbilanz der Freihandelszonen ins Gegenteil verkehren werden. Andere Länder wie z.B. Irland haben diese Erfahrung bereits vor Jahren machen müssen (Chandra 1988:21). Die Übergangs-Regierung jedenfalls will bei den Freihandelszonen bleiben.

V. Gesellschaftliche Strukturen im Wandel

Die pazifischen Gesellschaften befinden sich in einer Phase tiefgreifenden gesellschaftlichen Wandels. Die alten sozialen und politischen Strukturen, die in den ersten Jahrzehnten der Unabhängigkeit noch die Gewähr für Stabilität und Sicherheit boten, brechen immer mehr auf und machen Orientierungslosigkeit und Unsicherheit Platz.

Besonders deutlich wird dieser Wandel in den jüngsten politischen Entwicklungen: In Fiji und Tonga wenden sich Demokratiebewegungen gegen den Status quo und kritisieren die Vormachtstellung der alten Eliten, und in West-Samoa mußte das Wahlsystem demokratisiert werden. Derartige Angriffe auf eine Herrschaftselite, deren Macht auf dem Fundament traditioneller Autorität ruht und die sich lange des selbstverständlichen Respektes der einfachen Leute sicher sein konnte, wären vor 10 Jahren noch kaum denkbar gewesen. Sie sind der vorläufige Höhepunkt einer über Jahrzehnte währenden, stetigen Veränderung der wirtschaftlichen und sozialen Basis der pazifischen Gesellschaften, ein Resultat des Aufeinandertreffens zweier in vielen Hinsichten gegensätzlicher Wertsysteme. Für die Menschen in Fiji, Tonga und Samoa bedeutet dies, daß ihr Leben alle Kalkulierbarkeit verliert, Unzufriedenheit und Unsicherheit sich ausbreiten und letztlich ihre Identität in Frage gestellt wird.

Die Normen und Werte, die seit jeher das Land in den vier Inselstaaten bestimmten, waren sich im Grunde sehr ähnlich. Die Gesellschaften besaßen ein relativ festgefügtes Weltbild, in dem verwandtschaftliche Beziehungen, gegenseitige Verpflichtungen und religiös-spirituelle Einbindung jedem einzelnen eine klar definierte Funktion und Stellung innerhalb der Gesellschaft zuwies. Auch dieses alte System war nicht frei von Verunsicherung, sei es durch die furchteinflößende Allgegenwart von Göttern, Geistern und Zauberern, sei es durch die zuweilen unberechenbare Macht der Häuptlinge. Das Prinzip der festen Einbindung in einen sicheren sozialen Zusammenhang aber gab dem Einzelnen trotz aller Unwägbarkeiten das selbstverständliche Gefühl dazuzugehören.

Individueller Reichtum war nur in bescheidenem Maße möglich und besaß nicht den gesellschaftlichen Stellenwert, der ihm heute zukommt. Armut war entweder unbekannt oder wurde von allen gleichermaßen geteilt. Dafür sorgte das Prinzip des Austausches und die Umverteilung von Gütern bei Festen oder in Notsituationen durch Adel und Häuptlinge. Die unbestreitbare soziale Ungleichheit wurde so durch die Verpflichtung der Herrschenden abgemildert, für das Wohl aller zu sorgen.

Dieses über Jahrhunderte praktizierte Konzept, in dem der Weisheit und der Autorität der Alten von allen Achtung entgegengebracht wurde, bestimmt heute noch das Denken und Handeln der meisten älteren Leute. Ihm steht das Modell einer modernen westlichen Gesellschaft gegenüber, in dem die Kleinfamilie, individuelle Leistung und materieller Wohlstand die Zielpunkte sind, und das immer stärker die alten Wertvorstellungen ablöst. Status und gesellschaftliche Anerkennung in den pazifischen Gesellschaften basieren immer weniger auf dem Wahrnehmen der traditionellen Verpflichtungen, auf Seniorität oder genealogischem Rang, sondern auf Reichtum und individuellem beruflichen Erfolg. Das Wohl der Gruppe verliert allmählich seine alles bestimmende Bedeutung und tritt zurück hinter dem Ziel, das eigene Fortkommen zu fördern. Gemeinschaftliche Arbeiten und Verpflichtungen sind dabei eher hinderlich, so daß man sie häufiger mit Geld wettmacht. Die Konsumwirtschaft hat alle Inseln erreicht, vor allem Fiji, zunehmend aber auch Samoa und Tonga. Die Menschen möchten am materiellen Wohlstand teilhaben, aber die Masse der Pazifiker hat nur begrenzte Möglichkeiten, ihre gestiegenen Ansprüche und Erwartungen zu erfüllen.

Die neuen Eliten und die Erwartungen an die Bildung

Die einschneidensten Veränderungen gehen auf die neuen wirtschaftlichen Möglichkeiten zurück. Die pazifischen Inseln sind heute weitgehend in die Weltwirtschaft integriert. Eine dünne Schicht von Privilegierten, die sich aus der alten Elite und aus sozialen Aufsteigern zusammensetzt, dominiert die Wirtschaft, während die Mehrheit der Bevölkerung immer mehr zurückfällt. Es gibt kaum eine Mittelschicht, dafür ist ein neues Phänomen entstanden, das es vorher nicht gab: Es gibt Armut und soziale Deklassierung, die Kluft zwischen Arm und Reich wird immer größer.

Der tonganische Soziologe Hau'ofa meint sogar, daß sich im Südpazifik so etwas wie eine „dominierende Kultur" herausgebildet hat. Sie besteht aus der hochmobilen politischen und wirtschaftlichen Elite der pazifischen Staaten, die die Ressourcen und Kapitalströme kontrolliert, der Ideologie der kapitalistischen Wirtschaft anhängt, einen gleichartigen materiellen Lebensstil und die gleiche Sprache pflegt. Demgegenüber tritt die Vielfalt der pazifischen Kulturen, die Hau'ofa als „marginalisierte lokale Sub-Kulturen" (Hau'ofa, 1987: S. 1 ff.) bezeichnet, immer mehr in den Hintergrund.

Damit spricht er einen Widerspruch an, der im Pazifik selbst meist verborgen bleibt, aber viele Konflikte mit sich bringt und die Suche nach einer neuen Identität so schwierig macht: Auf der einen Seite propagieren die Häuptlinge das „traditionelle Leben" und warnen vor dem Verlust der nationalen Kultur, auf der anderen Seite sind die pazifischen Staaten wirtschaftlich bereits in die moderne Welt integriert, und Modernisierung und Entwicklung sind die Ziele der Politik. Einerseits erwarten gerade die Eliten, daß die Bevölkerung das Leistungsprinzip der modernen Gesellschaft annimmt, andererseits aber verlangen sie, daß die traditionellen Autoritäten weiterhin anerkannt und ihre Stellung und ihr Verhalten kritiklos akzeptiert werden. Dagegen wehrt sich die Bevölkerung zunehmend, die erkannt hat, daß die Oberschicht mit allen Mitteln versucht, ihre Privilegien zu erhalten. Wie wenig den tonganischen Adligen an einer kritikfähigen Öffentlichkeit gelegen ist, zeigt folgendes Beispiel: Akilisa Pohiva, der tonganische Intellektuelle und Streiter für demokratische Strukturen, ist davon überzeugt, daß er von seinem Lehrerposten an der Pädagogischen Hochschule nur deshalb suspendiert wurde, weil er kritikfördernde Fächer wie Soziologie, Geschichte und Wirtschaft einführen wollte.

Bildung ist zwar der Schlüssel zum Aufstieg, aber auch Ursache von Frustrationen und Identitätskonflikten, denn nur für wenige erfüllen sich die hochgesteckten Erwartungen, die damit verbunden sind. Eltern und Verwandte müssen manches Opfer bringen, um die Kinder zur Schule zu schicken. Entsprechend groß sind die Hoffnungen, die sie in ihre Kinder setzen. Sie erwarten von ihnen Erfolg in Schule und Universität und daß sie eine lukrative Arbeitsstelle finden, von der sich die Eltern Statusgewinn und einen Beitrag zur Altersversorgung versprechen. In den meisten Fällen trügt diese Hoffnung, denn es gibt längst nicht so viele Arbeitsplätze, wie benötigt werden. Die begehrten Jobs im Staatsdienst sind bereits an zumeist noch relativ junge Leute vergeben, und Nachwuchs findet nur selten Zugang dazu. Und auch der Arbeitsmarkt in der Privatwirtschaft ist sehr begrenzt und wächst viel langsamer als die Zahl der Schulabgänger. Hinzu kommt, daß die Kinder der Eliten die besten Chancen auf einen Job haben, da sie meist eine bessere Ausbildung im Ausland genossen haben und zum anderen durch Beziehungen und Vetternwirtschaft bevorzugt werden. Die Folge ist, daß die Arbeitslosigkeit unter den Jugendlichen sehr hoch ist. Sie können die Erwartungen der Eltern nicht erfüllen und haben keine Möglichkeit, sich für die Ausgaben zu revanchieren, die den Verwandten durch die Finanzierung der Schulausbildung entstanden sind. Enttäuschungen auf beiden Seiten bleiben nicht aus. Häufig werfen die Eltern den Kinder vor, sich nicht genügend bemüht zu haben, und entsprechend konfliktbeladen ist die Beziehung zwischen ihnen. Mit ihrem weiteren Horizont und ihren neuerworbenen Kenntnissen fühlen sich die Jugendlichen im Dorf nicht mehr zu Hause, und Langeweile macht sich breit. Sie sind nicht mehr ohne weiteres bereit, sich der Autorität der Dorfältesten und Eltern zu beugen, da sie in den vom westlichen Bildungssystem geprägten Schulen lernen, daß ihr Wissen mehr gilt als das ihrer Väter. So sitzen sie zwischen den Stühlen und sind nirgendwo zu Hause.

Vor den bedrückenden Konflikten in ihrem Heimatdorf fliehen viele Jugendliche in die Stadt. Hier können sie sich der strikten sozialen Kontrolle entziehen, es gibt mehr Abwechslung, und es besteht noch am ehesten die Chance, einen Arbeitsplatz zu finden. Nur wenige erreichen ihre Ziele, und in der Stadt kommen die Frustrationen erst richtig zum Vorschein. Jugendliche hängen herum und lassen ihren Aggressionen im Alkoholrausch und in Schlägereien freien Lauf. Die Kriminalitätsrate steigt, und nicht selten schließen sich Banden zusammen, die, wie Soziologen meinen, den Verlust an sozialem Zusammenhalt kompensieren. Aber sie richten ihre Aggressionen und Frustrationen auch gegen sich selbst: West-Samoa hat eine der höchsten Selbstmordraten der Welt.

Die Stadt ist jedoch nicht der einzige Anziehungspunkt. Viele Menschen wandern in die industrialisierten Nachbarstaaten ab. Die Arbeitsmigranten pflegen den Kontakt zur Heimat, und sie kommen den verwandtschaftlichen Verpflichtungen z. B. durch Geldüberweisungen nach. Denn in der Fremde ist der Verlust der Heimat besonders schmerzlich, und die Auswanderer haben meist das Ideal, irgendwann in ihr Dorf zurückzukehren, auch wenn sie bereits seit Jahrzehnten woanders leben. Wenn sie wirklich zurückkehren, müssen sie nicht selten feststellen, daß ihre Vorstellungen vom Leben im Heimatdorf illusionär waren, denn nur selten sind sie fähig und bereit, sich wieder dem dörflichen Gemeinschaftsleben unterzuordnen. Die Leute, die tatsächlich ins Heimatland zurückkehren, lassen sich daher meist in den Hauptstädten nieder, wo die Lebensumstände noch am ehesten dem Leben, das sie im Ausland führten, entsprechen.

Eine ganz andere Art, dem Gefühl der Verunsicherung zu begegnen und Halt zu suchen, wird im Zulauf deutlich, den kleine religiösen Sekten zu verzeichnen haben. Die Mormonen gewinnen besonders in Tonga und auch in Samoa viele junge Anhänger, da sie besonderen Wert auf die Jugendarbeit und eine gute Schulausbildung legen. Die Siebten-Tags-Adventisten verzeichnen ebenfalls Zulauf, obwohl sie strikte Prinzipien haben: Alkohol und Rauchen sind verboten. Diese neuen Gemeinschaften haben eine stark einigende Funktion für die Mitglieder und sind recht autoritär strukturiert. Sie haben eindeutig formulierte Regeln und bieten eine Möglichkeit zur Identifikation, die gerade die Jugendlichen in ihrem Hin- und Hergerissensein zwischen verschiedenen Kulturen anspricht.

Die Vertreter der großen christlichen (methodistischen oder katholischen) Kirchen sind entsetzt über den Erfolg der Sekten, die sie zumeist als nichtchristlich betrachten. Sie befürchten den Zerfall ihrer Gemeinden, haben aber noch kein Konzept gefunden, wie sie wieder attraktiv für die Jugend werden könnten. Dabei sind sie recht kämpferisch und melden sich zu verschiedensten Themen zu Wort: In Tonga unterstützen die christlichen Kirchenführer die Demokratiebestrebungen des Volkes und kritisieren die Korruption und die Bereicherungen des Adels. In Fiji hat sich die methodistische Kirche gar am Politikum der beiden Militärcoups gespalten. Und die internationale Dachorganisation christlicher pazifischer Kirchen „Pacific Conference of Churches" sorgt sich über die zunehmende Militarisierung, über Menschenrechtsverletzungen und Umweltverschmutzungen im Pazifik. Um diese allgemein politischen Themen kümmern sich jedoch die wenigsten Jugendlichen, denn sie haben erst einmal das Problem, mit ihrem eigenen Leben zurechtzukommen. Und dabei bieten die christlichen Kirchen bisher wenig Hilfestellung oder Identifikationsmöglichkeiten.

1. Die christlichen Religionen und das Schulwesen in Tonga

Die christliche Religion hat eine außerordentlich große Bedeutung in Tonga. Der Sonntag ist ganz der Religion und der Kirche gewidmet: Auf staatliche Anordnung ruhen Arbeit und Handel, Busse, Taxis und Boote stehen still, Flugzeuge dürfen nicht landen, Kinos und Kneipen in den wenigen Städten sind geschlossen und Restaurants nur bedingt für Touristen geöffnet. Es ist verboten, sich in irgendeiner Weise sportlich zu betätigen. Glockengeläut oder das Schlagen der Kirchentrommel ruft die Tonganer zum Gottesdienst. Sie erscheinen in ihrer besten Kleidung und singen mit Hingabe, und dies nicht nur zu einer Andacht, sondern häufig mehrere Male am Tag. Die tonganische Bibel findet man in fast jedem Haushalt, und sie wird eifrig gelesen.

Obwohl die Tonganer strenggläubige Christen sind und eifrig zur Kirche gehen, kommt doch hin und wieder Ehrfurcht vor dem traditionellen Glauben an die einheimischen Götter und Geister zutage. Im September 1991 erkrankten Schüler und Schülerinnen einer weiterführenden Schule auf Vava'u an Kopfschmerzen; zwei Monate später starb eine Schülerin, ohne daß das Mädchen ernsthaft erkrankt war. Es wurde ins Krankenhaus gebracht, war jedoch schon tot, als es dort eintraf. Das Mädchen roch nach Uhi, einem Busch mit starkem Duft, der früher die bösen Geister austreiben sollte. Dabei wurde deutlich, daß die Tonganer die unerklärlichen Vorkommnisse auf Zauberei zurückführten. Gerüchte machten die Runde, daß die Geister von zwei verstorbenen Männern einen Fluch gegen die Schüler ausgestoßen und das Unglück heraufbeschworen hätten. Auch die Beschwichtigungen des Schulleiters und des Krankenhausarztes, daß es sich um einen Virus oder um streßbedingte Kopfschmerzen handle, weil Prüfungen bevorstanden, konnte die Menschen nicht beruhigen. Als zwei Gräber der vermeintlichen Übeltäter geschändet wurden, schaltete sich die Polizei in die Ermittlungen ein, denn mittlerweile war die gesamte Gegend in Aufruhr. Dieses Beispiel zeigt, daß der Glaube an Geister, die den Menschen etwas Böses antun können, noch immer tief verwurzelt ist.

Das Spektrum der methodistischen Glaubensrichtungen

Zu einem Dorf gehören oft mehrere Kirchen, die verschiedene Glaubensrichtungen repräsentieren. Rund 70 % der Bevölkerung sind Protestanten vorwiegend methodistischen Glaubens, und rund 15 % sind Katholiken. Die als nicht-christlich eingestufte Gemeinschaft der Mormonen hat eine Anhängerschaft von 12 % der Bevölkerung, daneben existieren diverse andere Glaubensrichtungen.

Abb. 7: Kirchenchöre wie dieser aus Tuatua auf Koro in Fiji spielen im Leben der Dorfbewohner auf allen Inseln eine große Rolle. (Foto: Anette Schade)

Die meisten Tonganer sind Methodisten, doch sollte man nicht meinen, daß sie damit einer einzigen Glaubensrichtung angehören. Die erste Abspaltung von der Mutterkirche „Wesleyan Church in Tonga" mit Hauptsitz in Australien wurde 1885 durch König George Tupou I. vollzogen, der die „Free Wesleyan Church of Tonga" gründete. Ein Hauptziel Königin Salotes während ihrer Regierungszeit von 1918 bis 1965 war die nationale Einheit und damit verbunden die Vereinigung der beiden methodistischen Hauptkirchen. Immerhin schaffte sie es in den 20er Jahren, diese beiden Kirchen unter enormen Problemen zur „Free Wesleyan Church" zu vereinen, sie konnte jedoch weitere Abspaltungen nicht verhindern.

Die zwischen 1923 und 1987 von methodistischen Kirchen abgespaltenen Neugründungen „Free Church of Tonga", „Chiefly Church of Tonga", „Tokaikolo Christian Fellowship", „Constitutional Church of Tonga" und „United Churches for Tongans Overseas" haben mehr oder weniger dieselbe Doktrin, benutzen dieselbe Bibel und ein Gesangbuch. Die Kirche des Königs, die

„Free Wesleyan Church of Tonga", ist nach wie vor die größte Gemeinde mit über 40 500 Mitgliedern (über 40 % der Bevölkerung), obwohl sie durch die Massenemigrationen nach Übersee ab den 60 er Jahren zahlreiche Mitglieder verloren hat. Einig sind sich diese Gruppierungen keineswegs. Die Gründe für die Abspaltungen sind selten religiöser, sondern meist politischer Natur. Zusammenfassend lassen sich Macht-, Familien- oder Verwaltungsstreitigkeiten sowie Uneinigkeit über die Verwendung von Spendengeldern – denn diese fließen reichlich – als Anlässe nennen. Das jährliche „Misinale" ist ein öffentliches Eintreiben enormer Summen von Geld, da jeder versucht, den anderen mit seiner Spende zu übertreffen. Hinzu kommt die Kollekte jedes Gottesdienstes und separate Geldsammelaktionen, z. B. für den Bau einer neuen oder noch größeren Kirche oder einer Schule.

Der Bruch zwischen den verschiedenen methodistischen Kirchen ist bis heute nicht überwunden. Auch König Taufa'ahau Tupou IV. plädiert für mehr Einheit und Verständnis untereinander. Immerhin wurde 1973 der „Tonga National Council of Churches", ein Kirchenzusammenschluß von fünf nationalen christlichen Kirchen und 16 kirchlichen Vereinigungen erreicht, dem seitdem noch weitere beigetreten sind.

„Neue" Religionen auf dem Vormarsch

Drittgrößte Glaubensgemeinschaft Tongas sind die Mormonen, die sich offiziell „Church of Jesus Christ of Latter-Day Saints" nennen. Hauptsitz und Wallfahrtsort der Mormonen ist die von ihnen aufgebaute Stadt Salt Lake City in den USA, wo nach Mormonenglauben Christus zum Jüngsten Gericht erscheinen wird. In Tonga haben sie große Summen investiert: Der größte Mormonentempel der Welt wurde 1983 fertiggestellt und kostete 2,5 Mio. Pa'anga. Daneben wurden bereits 80 Kirchen und mehrere weiterführende Schulen gebaut. Für ein Mitglied der Mormonenkirche sind die Schulgebühren niedrig, und die Ausbildung hat einen guten Ruf. Daher schicken die Tonganer ihre Kinder gern in eine Mormonen-Schule und hinterher auf eins ihrer Colleges in den USA. Die Eltern, oder oft auch nur die Kinder, treten daher erst einmal in die Sekte ein und lassen die Schulzeit passieren, um hinterher reihenweise wieder auszutreten. Trotzdem scheinen die Mormonen einschlagenden Erfolg zu haben, was bei christlichen Geistlichen und beim König Besorgnis erregt.

Auch der Zusammenschluß der pazifischen Kirchen „Pacific Conference of Churches" (PCC) nimmt eine ablehnende Haltung gegenüber der Mormonen-Sekte ein und lehnte ihren Antrag auf Mitgliedschaft ab. Die Mitglieder der PCC betrachten die Prinzipien der Mormonen als nicht-christlich. Denn die Mormonen vertreten z. B. ein eigenes Geschichtsbild, das stark von der biblischen und weltlichen Geschichtsschreibung abweicht. Ferner existiert eine eigene heilige Schrift, in die diverse Passagen und Zitate aus dem Alten Testament übernommen wurden und in der eine theokratische Organisation von Hohenpriestern, Aposteln, Patriarchen und Bischöfen als Würdenträgern vertreten wird.

Starke Kritik äußerte die PCC an der aggressiven Mitgliederwerbung in den traditionell protestantischen und katholischen Gemeinden und die „Bestechung" der Tonganer durch Geld und Bildung.

Wenig Einfluß dagegen üben die noch vertretenen kleineren Kirchen und Sekten aus, zu denen sich der Rest der Bevölkerung bekennt: Zeugen Jehovas, Siebten-Tags-Adventisten, Worldwide Church of God, Baha'i-Religion, Gospel Fellowship, United Pentecostal, Christian Fellowship und Assembly of God. Auch Moslems gibt es seit einigen Jahren. Die „Tongan Muslim League" existiert seit 1984, konnte jedoch noch nicht allzu viele Mitglieder werben.

Das Schulwesen

In größeren Ansiedlungen gibt es eine Schule, die auch von den Kindern der umliegenden Dörfer besucht wird. Die Schulpflicht wurde schon 1876 von König George I. eingeführt. Er sah in der Bildung den Schlüssel zu modernem Leben und Wohlstand. Die erste Oberschule für Jungen des Adels wurde unter Leitung eines britischen Missionars 1866 gegründet. Die Ausbildung lag zunächst ausschließlich in Händen der methodistischen Mission, bis die finanzielle Unterstützung der Regierung 1880 wegen Uneinigkeit eingestellt wurde und die Regierung ein eigenes Schulsystem etablierte. 6 Jahre ist die Grundschulpflicht in den 111 staatlichen und 11 kirchlichen Schulen. Die weiterführenden Schulen werden vor allem von den verschiedenen Kirchen unterhalten. In den fünf staatlichen Oberschulen erhalten nur 2600 Schüler einen der gefragten Plätze, in den restlichen 45 kirchlichen Oberschulen werden 12600 Jugendliche unterrichtet. Von ihnen ist die Liahona High School der Mormonen die Größte mit über 1000 Schülern. Als weiterführende kirchliche Studieneinrichtungen existieren verschiedene Fachschulen für Theologie, Landwirtschaft und Technik. Staatlich ist die Lehrerausbildung, ein Institut für Schiffsbau und Fischerei und das „Atenisi Institute" mit Universitätsstatus. Das Fächerangebot ist nur auf wenige Bereiche beschränkt, so daß die meisten Studierwilligen auf die University of the South Pacific in Fiji ausweichen, eine gesamtpazifische Universität, an der Tonga beteiligt ist, und auf Hochschulen in Neuseeland, Australien und den USA. Stipendien vom Staat und Organisationen des Commonwealth ermöglichen auch ärmeren Tonganern eine akademische Ausbildung.

Die Tonganer sind sehr darauf bedacht, ihren Kindern eine gute Schul- und Berufsausbildung und damit die Chance auf einen einträglichen Job zu ermöglichen. Dafür scheuen sie keine Kosten, denn nur der Grundschulbesuch ist frei. Viele der Schulen und Institute sind in der Hauptstadt, so daß die Kinder von anderen Inseln oder entfernten Dörfern meist bei Verwandten in Nuku'alofa untergebracht werden müssen. Schulgeld und sonstige Nebenkosten – ein Ausgleich für die Unterbringung, Fahrtkosten für Besuche der Familie, Schuluniform, Bücher, usw. – sind eine hohe finanzielle Belastung für eine durchschnittliche Familie auf dem Lande. Die Ansprüche der Eltern an die Kinder setzen, wie schon gesagt, die Schüler ziemlichem Druck aus: Die Eltern wollen gute Noten und einen erfolgreichen Abschluß ihrer Kinder vorweisen können – zum einen, um das Ansehen zu steigern, zum anderen, damit die Unkosten gerechtfertigt sind. Streß und Frustrationen sind oft die Folgen.

2. Fa'a Samoa im Wandel

„Der Palagi und seine Welt haben aus den modernen Samoanern Karikaturen ihrer selbst gemacht", sagt der samoanische Schriftsteller Albert Wendt über seine Landsleute (PIM 1/90: 55). Die Oberflächlichkeiten aus einer anderen Kultur, haben, so meint Wendt, angefangen, die eigene, samoanische Kultur zu dominieren, und er befürchtet einen Verlust ihrer Integrität. In seinen Büchern beschreibt Albert Wendt die Zerrissenheit des Menschen zwischen der eigenen und der fremden Kultur und scheut sich nicht, seinen Landsleuten einen Spiegel vorzuhalten. Darin spiegelt sich ein Verhalten, das so gern das Beste aus den beiden Welten vereinen möchte. Fa'a Samoa, die überkommene Lebensweise und Kultur der Samoaner, ist in den Dörfern Samoas weitgehend intakt geblieben. Noch immer bestimmen Matai das Geschehen, denen alle Bewohner Respekt und Gehorsam entgegenbringen. Noch immer steht die Aiga im Leben jedes Samoaners an erster Stelle. Die andere Welt, das sind die Ideale und technischen Errungenschaften westlicher Gesellschaften, die Autos, die Videos, die Schulen und die Stadt, verbunden mit einer Lebensweise, die sehr viel individualistischer ist und anderen Zielen folgt als die samoanische Tradition. Im Dorf lassen sich die beiden Lebensweisen jedoch nur schwer vereinen.

Ungeheuer und Paradiesvögel

In der Trilogie „Der Clan von Samoa" (1979) beschreibt Albert Wendt die Geschichte eines gottesfürchtigen Mannes, dessen Lebensziel Geld und Erfolg ist. Nach Jahren endlich materiell erfolgreich, scheitert er an seinem Sohn Pepe, der den Idealen des Vaters nicht folgen will. Pepe findet seinen Lehrer in dem alten Häuptling Toasa, der ihn in die Geschichte und Religion seiner Vorfahren einführt. Entzweit mit Tauilopepe, seinem Vater, geht er fort aus dem Dorf und schließt sich Jugendlichen an, die trinkend und randalierend die Straßen Apias unsicher machen. Als letzten Protest gegen seinen Vater raubt er dessen Supermarkt aus und geht dafür ins Gefängnis. Dort stirbt er an Tuberkulose. Zurück bleibt Tauilopepe, ein einsamer und verbitterter Mann, der nun in seinem Enkel den Nachfolger sucht, ihn verwöhnt, auf teure Schulen schickt und aus ihm letztlich einen Fremden im Dorf macht.

Viele Samoaner lehnen die Bücher Wendts ab. Zu sehr stellen sie die Idealvorstellungen, die sie von ihrer Kultur haben, infrage. Die Geschichte des Jugendlichen Pepe, der seinen Platz in einer sich wandelnden Gesellschaft nicht findet, ist aber keine Erfindung. Viele Samoaner haben in den 60er Jahren begonnen, so wie Pepes Vater, ihr Leben zu verändern. Sie versuchten Geld zu verdienen, bauten Kirchen, Schulen und Straßen, tranken Bier statt Kawa und aßen Corned Beef statt frischen Fisch. Ihnen erschien eine bessere Schulbildung für die Kinder äußerst erstrebenswert, die den Zugang zu den bislang den Palagi (den Weißen) vorbehaltene Jobs ermöglichen sollte. Für die Mehrzahl der heutigen Jugendlichen hat sich jedoch dieser Wunsch nicht erfüllt. Der Lebensweise in ihren Dörfern entfremdet, die zudem kaum Einkommensmöglichkeiten bieten, gehen sie nach Apia, wo sie trotz Schulbildung selten gute Jobs finden. Man schätzt, daß etwa 60 % der Jugendlichen in West-Samoa arbeitslos sind. Dennoch erwartet die Familie von ihnen, daß sie Geld verdienen und den Verpflichtungen des Fa'a Samoa nachkommen. Die Spannungen, die innerhalb der Familien daraus erwachsen, kommen gerade in den Dörfern am stärksten zum Tragen. Der unbedingte Gehorsam und Respekt gegenüber den Älteren, der von ihnen erwartet wird, macht es den Jugendlichen unmöglich, ihren Standpunkt darzustellen und Probleme zu besprechen. Manchmal ist der Druck so stark, daß die jungen Menschen Selbstmord begehen. Häufigste Methode dazu ist das Unkrautvernichtungsmittel Paraquat, durch das die Opfer oft erst nach Tagen elend sterben. Gemeinsam mit Mikronesien hat West-Samoa die höchsten Selbstmordraten unter Jugendlichen in der Welt. Die Selbstmordwelle setzte nach 1970 ein und erreichte mit jährlich 49 Toten im Jahre 1981 ihren vorläufigen Höhepunkt. 1990 waren es noch 27, die meisten von ihnen junge Männer (PIM 7/91: 37). Andere Jugendliche ziehen es vor, ihre Aggression nicht gegen sich selbst zu richten, sondern ihn in Vandalismus und Vergewaltigungen auszuleben und in Alkohol zu ertränken.

Ihr Verhalten bestätigt so gar nicht das Idealbild, das Samoaner von sich zeichnen: Sie seien friedlich, höflich und großzügig. Daß sie nur Menschen sind mit ihren Licht und Schattenseiten, versucht Albert Wendt in seinen Büchern mitzuteilen. Seine Protagonisten sind immer menschlich, seine Urteile malen niemals schwarz oder weiß.

Ganz anders dagegen sieht der lang gehegte Mythos von der repressionsfreien samoanischen Gesellschaft aus, den die amerikanische Ethnologin Margaret Mead mit ihrem Buch „Coming of Age in Samoa" geschaffen hatte. Im Jahre 1925 war die damals 23jährige Studentin nach Am. Samoa gereist, um zu beweisen, daß Persönlichkeit kulturell, durch Erziehung, geprägt werde und nicht von der Natur bestimmt sei. Sie fand in Samoa einen Ort der Liebe und des Friedens, sie fand Menschen ohne tiefe Leidenschaften, ohne Kriege, ohne Armut und furchterregende Götter. Daß dies so war, dafür, meinte sie, sorgte die Erziehung, die, frei von Unterdrückung und Gewalt, auch Jugendlichen sexuelle Erfahrungen zugestand. Das Buch wurde ein Bestseller, übersetzt in 16 Sprachen. Erst knapp 60 Jahre später und nach 40jähriger Forschung in Samoa stellte der Neuseeländer Derek Freeman ein gegenteiliges Bild der Samoaner vor. Das Rangsystem mache, so Freeman, aggressiv und sei ein ständiger Quell für Rivalitäten und Konflikte. Es unterdrücke jeden Versuch freier Willensäußerung, wenn sie den Interessen der Älteren entgegenlaufe. Nicht freie Liebe, sondern Jungfräulichkeitskult, nicht Aggressionsfreiheit, sondern Gewalt bestimme die Sexualität der Jugendlichen. Samoa, so stimmt Albert Wendt ihm zu, ist weit davon entfernt, ein Paradies zu sein, und gerade die strenge Autorität der Matai veranlaßt nicht nur Jugendliche, die frommen, konservativen Dörfer zu verlassen. Doch das ist nicht der einzige Grund.

Aufbruch in die Zukunft?

Längst hat der Wunsch nach guten Jobs, modernen Gütern und prestigeträchtiger Schulbildung die meisten Ost-Samoaner nach

Amerika und Hawaii und jeden dritten West-Samoaner nach Neuseeland wandern lassen. Die einen können als Staatsbürger frei in die USA einreisen, die anderen haben als Angehörige eines ehemaligen Mandatsgebietes leichteren Zugang nach Neuseeland. 1100 West-Samoaner bekommen jedes Jahr die Aufenthaltsgenehmigung in Neuseeland zugesprochen, zusätzlich gelangen viele durch Adoption und Familienzusammenführung ins Land. Darüberhinaus können West-Samoaner die Staatsbürgerschaft Neuseelands beantragen. Derzeit leben etwa 45 000 West-Samoaner in Neuseeland (Hayes 1991: 5). Bis Anfang der 80er Jahre waren sie gern gesehen als Hilfsarbeiter in den Fabriken und im Dienstleistungsgewerbe.

Die Stadt Auckland übt die größte Anziehungskraft auf die Pazifikinsulaner aus, die in Neuseeland leben und arbeiten. Hier leben 63 % der schätzungsweise 170 000 Menschen aus Niua, Tokelau, Fiji, Tonga, West-Samoa und den Cook-Inseln. Entsprechend groß sind die samoanischen Gemeinden im Süden Aucklands, denn man zieht es vor, unter sich zu sein, und, zumindest zu Hause, das Fa'a Samoa zu pflegen. Aufrechterhalten wird auch die Verbindung zur Heimat. Ein Radiosender in samoanischer Sprache informiert täglich über Vorkommnisse in West-Samoa und läßt Todesfälle, Geburten und Heiraten nicht aus. Es vergeht kaum eine Woche, in der nicht das Radio über ein Projekt berichtet, das von einem Dorf geplant wird, welches dazu die finanzielle Unterstützung der Verwandten in Neuseeland gewinnen möchte. Männer fliegen eigens nach Hause, wenn ihre Aiga einen Matai wählt. Sind sie als Staatsbürger in Neuseeland registriert, genießen die Polynesier das neuseeländische Wahlrecht und sind mit 130 000 möglichen Stimmen eine nicht zu vernachlässigende politische Größe für die Parteien. Ein eigenes Ministerium für Pacific Islands Affairs kümmert sich um ihre Belange.

In den letzten Jahren hat sich die Situation der West-Samoaner in Neuseeland erheblich verschlechtert. Die Wirtschaftskrise dort hat viele Unternehmen die Pforten schließen lassen. Die Polynesier sind davon am meisten betroffen mit der derzeit höchsten Arbeitslosenrate im Land von 28,6 % im Vergleich zu weißen Neuseeländern mit 7,5 % (PIM 1/92: 33). Gleichzeitig werden die Leistungen des Wohlfahrtsstaates abgebaut. Die Zukunftsaussichten für die Pazifikinsulaner sind keineswegs rosig. Steigende Kriminalität, drogengefährdete Jugendliche und ihre Bandenkämpfe untereinander lassen befürchten, daß die ruhigen Zeiten des Fa'a Samoa in Neuseeland vorüber sind.

Ob die Migranten jemals in ihre Heimat zurückkehren, ist fraglich. Dort gibt es weder Arbeit noch können die Dörfer die Rückkehrer aufnehmen, für die die Migration in den letzten Jahrzehnten das Bevölkerungsventil war. Diejenigen, die zurückkehren, finden sich nur schwer zurecht, da sie die Macht der Matai und die Kontrolle, die das Dorf über die individuelle Lebensweise ausübt, nicht mehr so einfach akzeptieren können. Eine Alternative bietet die Hauptstadt Apia, wo viele Rückkehrer ein Stück Land kaufen. Kinder und Jugendliche, die in Neuseeland zur Schule und in die Ausbildung gegangen sind, müssen versuchen, sich in zwei Wertesystemen zurechtzufinden. In Neuseeland haben sie gelernt, daß individuelle Leistungen für die berufliche Karriere ausschlaggebend sind, und Schulen haben westliche Lebensideale geprägt. Noch mehr als ihre Eltern, die sie mit vielen Hoffnungen einst nach Neuseeland brachten, fühlen sich die Jugendlichen, zwischen den Kulturen hin- und hergerissen, in keiner mehr so recht zu Haus.

Ob zurückgekehrt oder niemals fortgewesen, die Jugendlichen versuchen auf ihre Weise modernes Leben und samoanische Ideale zu vereinen. Seit Mitte der 70 er Jahre ist die Kunst des Tatauierens (im Deutschen fälschlicherweise „Tätowieren" genannt) wieder aufgelebt, nachdem christliche Verbote sie lange Jahre unterdrückt hatten. In Fiji, wo nur Frauen sich tatauieren ließen, und in Tonga ist sie heute fast vollständig verschwunden. Junge Samoaner und Samoanerinnen dagegen lassen sich, entgegen den Verboten der Kirche, wieder in schmerzhaften und langwierigen Prozeduren nach alter Technik und mit überkommenen Mustern tatauieren. Für sie ist es ein Symbol ihrer kulturellen Identität – sie sind Samoaner und Samoanerinnen geblieben. Gleichzeitig jedoch haben sie die Praxis des alten Initiationsritus demokratisiert. Früher war die Tatauierung den Männern und

Frauen von Rang vorbehalten, Männer zeigten es nie, Frauen nur anläßlich der zeremoniellen Kavazubereitung. Heute kann jeder junge Mensch eine solche Tatauierung vornehmen lassen, vorausgesetzt er bezahlt die 400–1000 Tala an den Künstler. Und gern tragen die jungen Männer das Ergebnis tapfer ertragener Schmerzen, in Shorts bekleidet, zur Schau. Dies allerdings nur in der Hauptstadt.

Tatauierungen jedoch werden kaum genügen, um mit den Problemen des Alltags fertig zu werden. Albert Wendt, der Schriftsteller, lebt zur Zeit in Neuseeland, wo er Literatur lehrt. Das Leben in seiner Heimat habe ihn krank gemacht, antwortet er auf die Frage, warum er nicht in Samoa lebe. „In Samoa kannst du den Problemen nicht entkommen. Du wachst morgens auf und du siehst sie: die Arbeitslosigkeit, das was in der Regierung passiert, die Korruption, das Leiden von so vielen Menschen. Lebst du in Samoa, bist du 24 Stunden lang mittendrin!“ (P/M 1/90: 57).

3. Leben in der Stadt – Fiji

Die pazifischen Inseln besaßen keine Stadtkultur. Dörfer und Einzelgehöfte waren die bevorzugte Siedlungsform, und das Dorfleben prägte die sozialen Zusammenhänge. Die koloniale Stadtgründung Suva war bis zur Mitte des 20. Jahrhunderts eine Domäne der Pflanzer, Kolonialbeamten und Inder. Heute dagegen leben jeder dritte ethnische Fijianer und über 40 % der indischen Bevölkerung Fijis in einer der 15 städtischen Zentren, deren kleinstes, Korovou, 300, und deren größtes, die Hauptstadt Suva, 140 000 Einwohner hat (Census 1986). Urbanität und städtische Lebensform entwickeln sich jedoch erst langsam; ausschlaggebend sind nach wie vor die sozialen Beziehungen zum Dorf und zur Verwandtschaft.

Städtewachstum und verlassene Dörfer

Im Jahre 1871 zählte die alte Hafenstadt Levuka mehrere hundert Siedlerfamilien. Die von hohen Bergkämmen umsäumte

Hauptstadt wurde bald zu klein, und das Tal um den Rewa-Fluß bis hinunter zur Whalu Bay auf Viti Leou war ein sehr viel günstigerer Standort mit dem Hafen und dem leicht zugänglichen Hinterland. Die meisten der 2670 europäischen Siedler, die im Jahre 1881 in Fiji lebten, hatten ihre Plantagen dort angelegt. Eine australische Kolonisierungsgesellschaft, die Polynesian Company, hatte 1868 von Häuptling Cakobau 82000 ha Land um den Rewa-Fluß für ihre Anteilseigner erstanden. Die britische Regierung entschied daher, Suva zum Handels- und Verwaltungszentrum zu machen und kaufte zu diesem Zweck Land von der Gesellschaft. Die Verwaltung, die großen Handelshäuser und die Missionsstationen zogen an die Whalu Bay des heutigen Suva um.

300 Einwohner zählte Suva 1881, dem Jahr der ersten Volkszählung, 30 Jahre später waren es etwa 8000 Menschen, davon die Hälfte indischer Herkunft. Obwohl zu dieser Zeit bereits 1200 Fijianer in Suva gezählt wurden, hatten nur die Eliten Kontakt mit dem städtischen Leben. Die große Mehrheit lebte in den Dörfern, wenig berührt von den wirtschaftlichen und sozialen Veränderungen in ihrem Land. Verlassen durften Fijianer ihre Dörfer nur mit Erlaubnis des Häuptlings und gegen eine Gebühr, ein Gesetz, das offiziell erst 1966 aufgehoben wurde (Ravuvu 1988:77). Europäer und Inder prägten das städtische Leben. Europäer besetzten die Posten in Verwaltung und Handel, Inder verdienten ihren Lebensunterhalt als Handwerker, kleine Geschäftsleute und Arbeiter. Das alte Stadtviertel Toorak zeigt noch heute das lebhafte Treiben um die vielen kleinen Geschäfte und Werkstätten entlang der Arkaden. In den Zuckerrohrgebieten des Landes entstanden in den 20er Jahren die bis heute indisch geprägten Städte Lautoka, Nadi, Sigatoka, Ba, Tavua und Labasa, die als lokale Märkte und Dienstleistungszentren für die umliegenden Farmen zunehmend Bedeutung gewinnen.

Der große Urbanisierungsschub setzte 1960 ein und brachte vor allem Fijianer in die Stadt. Den Anfang machten die Bewohner der entlegenen Inseln Lau und Lomaiviti, deren bevorzugtes Ziel die Hauptstadt war. Suva ist mit seinen Geschäften, Schulen,

Verwaltungseinrichtungen und Krankenhäusern zum Zentrum des modernen Lebens geworden. Sein Umland mit den Provinzen Rewa, Naitasiri und Tailevu ist heute das bevölkerungsreichste Gebiet des Landes. Hier suchen die Menschen Arbeit und Einkommen, das ihnen die wirtschaftlich benachteiligten ländlichen Regionen nicht bieten können (Chandra 1980:144).

Bislang ist Landmangel selten der Grund, daß Fijianer ihre Dörfer verlassen. Die Indo-Fijianer dagegen, die nur 1,7 % des Landes besitzen, sind seit langem darauf angewiesen, in den Städten ihr Glück zu versuchen. Indische Pachtbauern sind zunehmend in ihrer Existenz bedroht, weil fijianische Landbesitzer das Land für eigene Zwecke nutzen wollen und nicht mehr bereit sind, die Pachtverträge zu verlängern. Fijianer verfügen nur begrenzt über qualitativ hochwertiges Land, der Rest ist bereits verpachtet. Und auch Fijianer spüren, daß Land eine kostbare Ressource ist. Die Nutzung des kommunalen Landes wird zunehmend individualisiert, und landarme Verwandtschaftsgruppen können kaum noch auf das Land anderer Mataqalis ausweichen, ein früher durchaus übliches Vorgehen. So sehen sich viele Dorfbewohner veranlaßt, in die Stadt zu gehen oder selbst Land zu pachten.

Armut in Fiji?

Je mehr Menschen in die Ballungsgebiete ziehen, desto größer werden die sozialen Probleme dort. Überfüllte Wohnungen und Häuser, nur mit ungenügenden sanitären Anlagen ausgestattet, und die vielen informellen Siedlungen ohne Kanalisation und Abfallbeseitigung, in der heute jeder achte Bewohner Suvas lebt, sind Anlaß zu Besorgnis. Längst werden die hohen Erwartungen, die die Fijianer mit der Stadt verknüpfen, nicht mehr erfüllt. Viele Städter müssen sich mit Jobs begnügen, die schlecht bezahlt, unsicher und ungesund sind. Besonders Frauen ohne höhere Schulbildung sind davon betroffen, die als Hausmädchen, als Verkäuferinnen und in Fabriken arbeiten. 1989 verdiente ein Hausmädchen wöchentlich durchschnittlich 25 F $ für acht bis neun Stunden Arbeit, sechs Tage die Woche. Für den Unterhalt eines sechsköpfigen Haushalts ist jedoch ein Einkommen von mindestens 63 F $ pro Woche zu veranschlagen (Barr 1990: 74). Viele solcher Hausmädchen sind Alleinstehende, verlassene Ehefrauen oder Witwen, die ihre Kinder allein durchbringen. Im modernen Fiji ist dies ein immer häufigeres Phänomen. Jeder sechste fijianische und jeder siebte indische Haushalt hatte 1986 eine Frau als Vorstand. Ganz besonders häufig sind solche Haushalte in unteren Kategorien des Sozialen Wohnungsbaus zu finden. Nur jede dritte dieser Frauen ging einer formellen Beschäftigung nach. Der Rest war abhängig von informellen Beschäftigungen, von öffentlicher und privater Wohltätigkeit und der Hilfe von Verwandten.

Während Arbeitslosigkeit und Lebenshaltungskosten steigen, fehlt ein staatliches Netz sozialer Sicherheit weitgehend. Angestellte haben die Möglichkeit, eine (sehr geringe) Pension zu erhalten, Arbeitslosenunterstützung gibt es nicht. Nur einige wenige Firmen leisten bei Entlassungen Ausgleichszahlungen. Die staatliche Sozialhilfe erreicht bei weitem nicht alle Bedürftigen. Außerdem reichen die knapp 40 F $ Sozialhilfe, die eine Frau mit vier Kindern in Suva monatlich als Unterstützung erhält, längst nicht, um alle Unkosten zu decken (1989).

Geben und Nehmen, Teilen und Helfen

Der Staat verläßt sich auf die traditionellen Netzwerke sozialer Sicherheit in der Bevölkerung, um sozialen Notlagen zu begegnen. Für Fijianer besteht unbedingte Verpflichtung zur gegenseitigen Hilfe, die das Gefühl von Sicherheit und sozialer Zugehörigkeit vermittelt. Städter wie Dörfler fühlen sich gleichermaßen gebunden. Der Schritt ins städtische Leben ist kein Bruch mit dem Heimatdorf und den Verwandten auf dem Lande. Städter fühlen sich verpflichtet, den Dörfern Geld zukommen zu lassen, damit diese größere Gemeindeprojekte durchführen können. Städter, die aus der gleichen Provinz stammen, treffen sich in regelmäßigen Abständen, um über mögliche Projekte zu reden und Geld dafür zu sammeln.

Soziale Isolation bringt das Leben in der Stadt nicht mit sich, und Neuankömmlinge aus den Dörfern sind bemüht, in die

Nähe von Verwandten zu ziehen, die bereits in der Stadt wohnen. Fijianer bestätigen und stärken ihre verwandtschaftlichen Beziehungen beständig in den vielen Zeremonien, die das Leben der Menschen begleiten. Altüberlieferte Regeln legen fest, welche Riten bei Geburt, Heirat oder Todesfällen anzuwenden und wie soziale Spannungen am besten beizulegen sind.

So bringt die Geburt eines Kindes zahlreiche Aktivitäten mit sich, bei denen die Hilfe der unterschiedlichsten Verwandten unerläßlich ist. Am Tage der Geburt, zu der bereits Frauen aus der Verwandtschaft der werdenden Mutter angereist sind, um zu helfen, richtet der Vater des Kindes mit Hilfe seiner Verwandten ein kleines Fest aus. Das Neugeborene wird von den Frauen vier, manchmal zehn Tage lang getragen, solange bis die Nabelschnur abfällt. Diese wird sorgfältig aufgehoben und an einem geeigneten Ort begraben, bevorzugt unter einer jungen Kokospalme. Geschieht dies nicht und geht die Nabelschnur verloren, wird der neugeborene Mensch nur unvollkommen mit dem Land verankert. Ruhelosigkeit und unsteter Charakter gelten als die Folge davon. Den Abschluß bildet ein großes Fest, in dessen Mittelpunkt die Kava-Zeremonie, lange Ansprachen und der Austausch von Geschenken zwischen den Verwandten der Frau und denen des Mannes stehen.

Das Verwandtschaftsnetz ist umfangreich und zeremonielle Anlässe sind häufig. Ständig sind Fijianer mit Vorbereitungen dafür beschäftigt und klagen oftmals, wieviel Mühe und Zeit die Verwandtschaft sie koste. Einer Verpflichtung nicht nachzukommen, fällt jedoch kaum einem Fijianer ein. Dies würde seine Identität in Frage stellen und ihn von der Gemeinschaft des gegenseitigen Gebens und Nehmens ausschließen. Und nur die aktive Teilnahme an diesen Verpflichtungen garantiert die soziale Zugehörigkeit.

Wieviel kostet Verwandtschaft?

Auch wenn sie in der Stadt wohnen, legen Fijianer großen Wert darauf, die traditionellen Zeremonien und Riten einzuhalten, obwohl sie dies aus räumlichen und zeitlichen Gründen nicht mehr so ausgiebig wie die Dorfbewohner tun können. Das moderne Leben hat es mit sich gebracht, daß sich bei vielen Familien über die Jahre eine Art Schuld gegenüber den Verwandten eingestellt hat. Wenn Zeremonien anläßlich wichtiger Ereignisse im Leben nicht durchgeführt werden, stellt sich eine rituelle Unreinheit ein. Junge Paare z. B., die ohne den dazugehörigen kirchlichen und familiären Segen zusammenleben, müssen oft viele Jahre warten, bis sie ihre Verwandten zur Mithilfe bewegen. Doch diese ist unumgänglich, denn nicht nur finanzielle Zugeständnisse werden gemacht. Vielmehr ist die Hilfe der Verwandten, ihre Teilnahme am zeremoniellen Austausch Symbol dafür, daß sie die Ehe anerkennen und die Schuld verzeihen. Bis dahin gilt die Frau als ihren Verwandten gestohlen. Es ist eine große psychische Belastung für die Menschen, in ritueller Schuld zu stehen, die sie, oft erst nach Jahren und unter großen Mühen abtragen können.

Das Netzwerk der sozialen Verpflichtungen ist eine der Grundlagen fijianischen Selbstverständnisses und fijianischer Kultur, die jedem Einzelnen den Platz in der Hierarchie der Gemeinschaft zuweist, versehen mit Rechten und Pflichten, die jederzeit eingefordert werden können und denen nachgekommen werden muß. Das bedeutet jedoch nicht, daß die gewährte Hilfe immer mit Freundlichkeit und Liebe gegeben wird. Für Bittsteller kann die Situation manchmal beschämend sein. Um Hilfe zu bitten und Unterstützung zu benötigen, erniedrigt den Bittenden und erhöht denjenigen, der gibt, solange keine Ausgeglichenheit zwischen Gebenden und Nehmenden besteht. In den letzten Jahren neigen Fijianer dazu, das Prinzip des verwandtschaftlichen Zusammenhalts aus politischen Gründen zu idealisieren, um sich gegen die fremden Kulturen der Inder, Chinesen und Europäer abzugrenzen.

Von westlichen Entwicklungsplanern ist dieser Teil der fijianischen Kultur häufig als zu kostspielig und der modernen Wirtschaftsweise abträglich kritisiert worden. Sie bemängeln, daß die aufwendigen Zeremonien eine „sinnlose" Vernichtung von Reichtümern mit sich bringe und damit die Bemühungen einzelner Haushalte, zu Wohlstand zu kommen, zunichte mache. Ferner wirke die Tatsache, daß Verwandte nicht abgewiesen werden können und daß Wohlstand das Individuum zu Großzügigkeit gegenüber weniger wohlhabenden verpflichte, allen Antrieben zu eigener Leistung entgegen. So lauten die Argumente. Man schlägt vor, daß die Haushalte sich von den Obligationen freimachen und ihre Mittel allein den eigenen Familienmitgliedern zugute kommen lassen. Es stellt sich jedoch die Frage, von wem dann Arbeitslose, Alte und Kranke versorgt werden, solange keine staatlichen Institutionen Sicherheit garantieren. Noch finden sie Aufnahme bei ihren Verwandten. Es kann jedoch nicht übersehen werden, daß in den letzten Jahren die wirtschaftlichen Schwierigkeiten wachsen, die es den einzelnen Haushalten schwerer machen, ihren Verpflichtungen nachzukommen. Längst auch können Fijianer nicht mehr einfach in ihre Dörfer zurückgehen, wenn Arbeitslosigkeit und städtische Wohnungsnot sie bedrohen. Bereits seit Kindheit in der Stadt oder dort geboren, ist ihnen einerseits das Leben im Dorf fremd, andererseits könnte das Dorf sie aus Landmangel gar nicht mehr aufnehmen. Dies jedoch ist ein Thema, das Fijianer gerne vermeiden, denn das Dorf und die behauptete Möglichkeit, jederzeit dorthin zurückkehren zu können, sind die Quellen ihrer kulturellen Identität.

Anhang

1. Zeittafel

Tonga

ca. 1140 v. Chr.	Die ältesten archäologischen Funde lassen auf eine Besiedlung durch die sogenannten „Lapita-Töpfer“ schließen.
ca. 950 n. Chr.	Der erste Tu'i Tonga, „Priester-König“ und nach der Überlieferung Sohn des Gottes Tangaloa, regiert. Er ist Vorfahr der heute noch regierenden Königsfamilie.
ca. 1470	Der 24. Tu'i Tonga überträgt seinem Sohn administrative Herrschaftsaufgaben. Eine neue Dynastie mit dem Titel Tu'i Ha'a Takalaua wird somit gegründet
ca. 1610	Der 6. Tu'i Ha'a Takalaua teilt seine Macht ebenfalls und etabliert den Titel des Tu'i Kanokupolu, den er seinem Sohn überträgt.
1616	Erste Erwähnung Tongas in europäischen Aufzeichnungen (Holländische Expedition von Schouten und Le Maire).
1643	Abel Janszoon Tasman betritt als erster Europäer Tonga.
1773, 1774, 1777	3 Reisen von James Cook nach Tonga.
1796	Die ersten 6 Europäer (Deserteure) lassen sich dauerhaft auf Ha'apai und 'Eua nieder.
1797	Ankunft der ersten 10 Laienprediger der London Missionary Society.
1799–1826	Bürgerkrieg der rivalisierenden drei Dynastien des Hochadels und zahlreicher adliger Häuptlinge niedrigeren Ranges. Taufa'ahau, Sohn eines Tu'i Kanokupolu, setzt sich im Machtkampf durch.
1834	Taufa'ahau wird getauft. Die meisten Tonganer folgen seinem Beispiel freiwillig oder unter Zwang.
1845	Taufa'ahau wird als Siaosi (George) Tupou I. zum ersten König Tongas gekrönt.
1858	Freundschaftsvertrag Tongas mit Frankreich.
1860	Der methodistische Missionar Shirley Baker wird Berater des Königs.

1862	Einführung wichtiger Gesetze, die die Macht des Adels zugunsten des Volkes einschränken.
1865	Der 39. Tu'i Tonga stirbt, König Tupou I. übernimmt seine (religiösen) Aufgaben. Ein neuer Tu'i Tonga wird nicht ernannt.
1876	Freundschaftsvertrag mit Deutschland.
1875	Tonga erhält eine Konstitution nach britischem Vorbild und die Staatsform einer konstitutionellen Monarchie.
1879	Shirley Baker gibt seine Missionarsfunktion auf und wird Premierminister, Außenminister und Minister für Landangelegenheiten.
1879	Freundschaftsvertrag mit Großbritannien.
1885	König Tupou I. gründet die von der Mutterkirche unabhängige methodistische Kirche „Free Wesleyan Church of Tonga".
1888	Freundschaftsvertrag mit den USA.
1893	König Tupou I. stirbt. Die Nachfolge tritt sein Enkel als König George Tupou II. an.
1899	Abschluß eines Protektionsvertrages zwischen GB und Tonga, der den Briten bestimmte Regierungsressorts zubilligt, Tonga jedoch nicht zur Kolonie macht.
1918	Königin Salote Tupou III. tritt die Nachfolge ihres Vaters an.
1960	Einführung des Wahlrechts für Frauen.
1965	Königin Tupou III. stirbt. Ihr ältester Sohn wird König Taufa'ahau Tupou IV.
1970	Tonga erhält die völlige Unabhängigkeit und schließt sich dem Commonwealth of Nations an.
1971	Tonga wird Gründungsmitglied des South Pacific Forum.
1986	Gründung der oppositionellen Monatszeitung Kele'a.
1987	Bei der Wahl der Parlamentsabgeordneten erringen die Vertreter der Demokratie-Bewegung erstmals 3 der 9 Volksvertreter-Sitze.
1990	Bei der Wahl der Parlamentsabgeordneten setzt sich der Erfolg der kritischen Oppositionellen weiter fort.

Samoa

Um 1000 v. Chr.	Ankunft der Lapita-Töpfer.
13.–15./16. Jh.	Tonganische Herrschaft.

1721–1722	Der Holländer Jacob Roggeveen sichtet die Samoa-Inseln.
1787	La Perouse geht in Tutuila vor Anker.
nach 1800	Die Zeit der europäischen Walfänger und Handelsschiffe.
1830	Die London Missionary Society schickt die ersten Missionare.
1830	Vorläufiges Ende innersamoanischer Kämpfe um den höchsten Titel. Malietoa Vaiiniupo von Savai'i wird Tupu o Samoa.
1841	Tod des Malietoa Vaiiniupo, erneuter Beginn der Kämpfe um die Titelnachfolge, die Jahrzehnte andauern werden.
nach 1840	Europäische Siedler lassen sich auf Samoa nieder.
1856	Das Hamburger Handelshaus Johann Cäsar Godeffroy und Sohn eröffnet in Apia seine Vertretung.
1860	Führende Matai rufen den Rat von Mulinu'u ins Leben.
1870–1880	Aufeinandertreffen der deutschen, englischen und amerikanischen Interessen.
1872	Pago Pago wird Kohlestation der Amerikaner.
1873	Malietoa Laupepa wird Tupu o Samoa.
1875	1. Verfassung Samoas als unabhängiger Staat auf Initiative des amerikanischen Konsuls Steinberger.
1876	Deportation Steinbergers durch die Briten.
1879	Die Stadt Apia wird nach europäischem Recht verwaltet, regiert von den Konsuln der drei Mächte.
1889	Der „Vertrag von Berlin“ soll die Koexistenz der drei Mächte auf Samoa sichern.
1889	Ein Hurrikan zerstört sechs der sieben vor Apia liegenden europäischen Kriegsschiffe.
1898	Tod Malietoa Laupepas.
1899	Annullierung des Berlin-Abkommens. Samoa wird zwischen Amerika und Deutschland aufgeteilt. England verzichtet im Ausgleich für einen Anspruch auf Tonga.

West-Samoa

1900	West-Samoa wird deutsche Kolonie unter Gouverneur Wilhelm Solf.
1904	Die Mau o Pule etabliert sich als samoanische Widerstandsbewegung gegen die deutsche Kolonialregierung.

29.8.1914	Mit dem Ausbruch des 1. Weltkriegs gelangt West-Samoa unter neuseeländische Militärverwaltung.
1920	Eine Grippeepidemie tötet 22 % der samoanischen Bevölkerung.
1920	Neuseeland erhält das Mandat des Völkerbundes, später der Vereinten Nationen über West-Samoa.
28.12.1929	Bei einer friedlichen Demonstration von Mau-Anhängern läßt der neuseeländische Kommandant in die Menge schießen. 11 Menschen, darunter führende Matai, werden getötet.
1947	Etablierung eines Staatsrates als beratendes Gremium des neuseeländischen Hochkommissars.
1.1.1962	Unabhängigkeit. West-Samoa hat die Staatsform einer Häuptlings-Aristokratie und ist Mitglied des Commonwealth.
1971	Gründung des Süd-Pazifik-Forums.
1991	Die Volksabstimmung zur Änderung des Matai-Wahlrechts entscheidet für eine Annäherung an ein allgemeines Wahlrecht.

Amerikanisch-Samoa

1899	Der Osten Samoas kommt unter US-amerikanische Marine-Verwaltung.
1951	Das Innenministerium der USA übernimmt die Verwaltung.
1956	Mit Tali Coleman wird erstmals ein Samoaner zum Gouverneur ernannt.
1960	Am. Samoa wird „unincorporated and unorganized territory" der USA.

Fiji

ca. 1030 v. Chr.	Ankunft der Lapita-Töpfer.
1643	Der Holländer Abel Janszoon Tasman sichtet als erster Europäer Inseln der Fiji-Gruppe.
1774 u. 1789	Captain James Cook kreuzt in den Gewässern Fijis.
1800–1814	Der Handel mit Sandelholz blüht. Die Bestände werden dabei vollständig abgeholzt.
1830	Die ersten christlichen Missionare, die Tahitier Hanea und Atai, werden von der London Missionary Society nach Fiji geschickt.
1860er	Europäische Händler erreichen Fiji. Sie versuchen zunächst mit dem Anbau von Baumwolle und später mit Zuckerrohr ihr Glück.

1852	Cakobau wird Häuptling von Bau und kann sich als stärkster Häuptling im Osten der Inseln durchsetzen.
1854	Cakobau nimmt den christlichen Glauben an; viele seiner Gefolgsleute folgen seinem Beispiel.
1874	Fiji wird britische Kolonie. 13 Häuptlinge unterschreiben die Abtretungsurkunde. Cakobau wird als „König" von ganz Fiji eingesetzt.
1875	Eine Masernepidemie rafft ein Drittel der einheimischen Bevölkerung dahin.
1879	Die ersten 498 indischen Vertragsarbeiter erreichen Fiji, um auf Zuckerrohrfeldern zu arbeiten. Bis 1916 kommen ca. 62800 Inder als Arbeitskräfte nach Fiji.
1880	Verabschiedung eines Landrechtsgesetzes, das den Landverkauf verbietet.
1881	Der wichtigste Industriezweig, die Zuckerrohrverarbeitung, wird von der australischen Firma Colonial Sugar Refining Company monopolisiert. Ab 1883 wird exportiert.
1904	Erstmals sitzen zwei Fijianer in der Gesetzgebenden Versammlung (Legislative Council).
1916	Ein Inder wird vom britischen Gouverneur als Mitglied der Gesetzgebenden Versammlung ernannt.
1946	Die Inder sind erstmals die größte ethnische Gruppe Fijis.
1963	Frauen aller Rassen dürfen zum ersten Mal die Mitglieder des Legislative Council wählen.
10.10.1970	Fiji erlangt die Unabhängigkeit mit der Regierungsform einer parlamentarischen Demokratie nach Westminster-Muster. Staatsoberhaupt ist die britische Königin, vertreten durch einen Generalgouverneur.
1972	Erste Parlamentswahl nach der Unabhängigkeit. Gewinnerin ist die Alliance Party (AP) der Fijianer.
1975	Erste Rassenunruhen entstehen, als der Führer einer nationalistischen Splitterpartei fordert, daß alle Inder nach Indien zurückgeschickt werden sollen.
1977	Die National Federation Party (NFP) der Inder erringt die Mehrheit der Parlamentssitze; die AP bleibt jedoch weiter an der Regierung.
1986	Parteigründung der Fiji Labour Party (FLP) von Intellektuellen und Gewerkschaftsmitgliedern.

April 1987	Parlamentswahl. Die Koalition von NFP und FLP erringt die Mehrheit und löst erstmals die AP und den Premierminister Ratu Sir Kamisese Mara von der Regierung ab. Neuer Premierminister wird der Fijianer Dr. Timoci Bavadra.
14.5.1987	Die Koalitionsregierung wird durch einen Militärputsch unter Sitiveni Rabuka abgesetzt. Eine Übergangsregierung wird eingesetzt. Nach Beratungen wird die Neubildung einer Regierung aus Mitgliedern der Koalition und der AP beschlossen.
25.9.1987	Zweiter Militärputsch Rabukas.
7.10.1987	Colonel Rabuka erklärt Fiji zur Republik. Der Ausschluß aus dem Commonwealth folgt. Der ehemalige Generalgouverneur Ratu Sir Penaia Ganilau wird der erste Präsident Fijis.
November 1987	Ratu Sir Kamisese Mara bildet mit Mitgliedern der AP wieder die Regierung.
1991	Eine neue Konstitution wird verabschiedet, die den ethnischen Fijianern die Vormachtstellung in der Politik gegenüber den Indern in Fiji sichert.
Mai 1992	Die erste „demokratische" Wahl nach den Militärputschen findet statt. Der Ex-Putschistenführer und jetzige Zivilist Rabuka wird mit Unterstützung der FLP zum neuen Premierminister ernannt.

2. Allgemeine Informationen

Einreisebestimmungen

Visa sind in keinem der vier Länder erforderlich, solange der Aufenthalt kürzer als 30 Tage ist. Es genügt ein gültiger Reisepaß und ein Ausreiseticket. Ein längerer Aufenthalt muß beim jeweiligen Immigration Office beantragt werden, am besten vor Ort.

Impfungen

Impfungen sind nicht erforderlich, sofern man nicht aus einem durch Gelbfieber oder Cholera gefährdeten Land einreist. In diesem Falle muß eine Impfung nachgewiesen werden.

Klima

Das Klima auf den Inseln ist tropisch feucht und heiß, besonders in den Sommermonaten Dezember bis April. Hohe Luftfeuchtigkeit und die Gefahr von Hurrikans halten viele Urlauber davon ab, den tropischen Sommer zu erleben. In den Monaten April bis November herrscht gemäßigtes Klima, es ist merklich kühler und trockener.

Sprache

Englisch gehört in allen vier Ländern zur Verkehrssprache und wird zumindest in den Städten verstanden.

Religion

Fijianer, Samoaner, Tonganer und Europäer sind überwiegend Christen, die meisten methodistischen Glaubens. Daneben gibt es Katholiken, Mormonen, Adventisten und andere Glaubensrichtungen. Die Menschen indischer Herkunft gehören vorwiegend dem Hinduismus oder Islam an, die Chinesen dem Buddhismus.

Unterkünfte

Hotels oder Pensionen gibt es in allen Preiskategorien, vor allem in Fiji ist das Angebot groß. In Samoa und Tonga werden die Hotelkapazitäten weiter ausgebaut.

Aktivitäten

Informationen zu Kulturveranstaltungen, Bus- und Bootstouren, Tauchausflügen, Segeltörns und ähnlichem erhält man in den Fremdenverkehrsämtern (Visitors Bureaus) oder in Hotels.

Deutsche Botschaft in Neuseeland:

P.O. Box 1678, 90/92 Hobson Street, Thorndon, Wellington, Tel: 73 60 63

Reise-/Länderinformationen

Tourism Council of the South Pacific
Klugstr. 114
8000 München 19
Tel: 089-15 10 14

3. Länderüberblick

Tonga

Größe

150 Inseln (mit 696,71 km²), von denen etwa 36 bewohnt sind. Tongatapu-Inselgruppe mit der Hauptstadt Nuku'alofa, Ha'apai-Gruppe, Vava'u-Gruppe, Niua-Inseln, Kotu-Inseln, Nomuka-Inseln.

Bevölkerung

94 535 Einwohner (1986), in der Hauptstadt Nuku'alofa: 28 899

Währung

1 Pa'anga oder T $ (Tonga Dollar)=100 Seniti

Fremdenverkehrsamt
Tonga Visitors Bureau, Vuna Rd., P. O. Box 37, Nuku'alofa, Kingdom of Tonga, Tel: 2 17 33
auf Vava'u: P. O. Box 18, Neiafu

Honorarkonsulat der BRD
P. O. Box 32, Nuku'alofa, Kingdom of Tonga, Tel: 2 14 77

West-Samoa

Größe
4 Inseln mit 2934 km². Upolu (1100 km²) mit der Hauptstadt Apia, Savai'i (1820 km²), Manono und Apolima.

Bevölkerung
162 200 Einwohner (geschätzt 1987), in der Hauptstadt Apia: 35 000

Währung
1 Tala oder WS $ (West-Samoa Dollar)=100 Sene (cents)

Fremdenverkehrsamt
Western Samoa Visitors Bureau, P. O. Box 862, Apia, Tel: 2 04 71

Honorarkonsulat der BRD
Beach Rd., P. O. Box 189, Apia, Tel: 2 27 22

Amerikanisch-Samoa

Größe
7 Inseln mit 197 km².
Tutuila (135 km²) mit der Hauptstadt Pago Pago, Aunu'u, Ta'u, Ofu, Olosega, Swains Island, Rose Atoll

Bevölkerung
36 260 Einwohner (1986)

Währung
1US $ (US-Amerika Dollar)=100 Cents

Fremdenverkehrsamt
Office of Tourism, P. O. Box 1147, Pago Pago, American Samoa 96799

Feier-/Festtage
17. 4. Flag Day (Langbootrennen im Hafen von Pago Pago)

Fiji

Größe
ca. 320 Inseln mit 18 376 km².
Größte Inseln und Inselgruppen: Viti Levu (10 389 km²) mit der Hauptstadt Suva, Vanua Levu, Taveuni, Kadavu, Rotuma, Lomaiviti-Gruppe, Lau-Gruppe, Yasawa-Gruppe

Bevölkerung
715 373 Einwohner (1986): 48,6 % Fijianer indischer Abstammung, 45,9 % Fijianer, 5,5 % andere Nationalitäten. In der Hauptstadt Suva: 71 608 Einwohner.

Währung
1 F $ (Fiji Dollar)=100 Cents

Fremdenverkehrsamt
Fiji Visitors Bureau, Thomson Street, GPO Box 92, Suva, Tel: 2 28 67. Bei Ankünften und Abflügen auch am Flughafen in Nadi, PO Box 9217, Tel: 7 24 33

4. Glossar

(P)	= Begriff, der in ähnlicher Aussprache und Schrift in mehreren polynesischen Ländern bekannt ist
(T)	= Tonganisch
(S)	= Samoanisch: Besonderheiten der Aussprache: g = (gesprochen wie) ng
(F)	= Fijianisch: Besonderheiten der Aussprache: b=mb, d = nd, g = ng, q = nq, v = w, c = th im Englischen

Aiga (S)	Großfamilie, erweiterte Familie.
Aitu (P)	Götter des traditionellen religiösen Glaubens in Polynesien.
Atua(P)	Hochrangige Götter des religiösen Glaubens in Polynesien.
Aualuma (S)	Gruppe von Frauen, die im selben Ort geboren sind. Sie übernehmen dort unter der Leitung der Dorfjungfrau zeremonielle Aufgaben.
Diwali	Hinduistisches Fest in Fiji.
Fa'a Samoa (S)	Herkömmliche Lebensweise der Samoaner.
Fono (S)	Dorfrat der Matai.
Gujerati	Einwanderer in Fiji aus dem indischen Bundesstaat Gujerat.

Ha'a (T)	Verwandtschaftsgruppe, „Stamm", aber auch „Familie".
Holi	Hinduistisches Fest in Fiji.
Houeiki (T)	Adliger Stand der Ranghohen, Häuptlinge.
Kalou (F)	Allgemeine Bezeichnung für Götter in der traditionellen fijianischen Religion.
Kava (T, S, F)	In Polynesien verbreitetes Getränk aus den getrockneten Wurzeln und dem Stamm des Pfefferstrauchs Piper Methysticum.
Kopra	Das getrocknete Fleisch der Kokosnuß.
Mana (P)	Geistige Kraft, die besonders befähigte Menschen besitzen können.
Matai (S)	Gewähltes Oberhaupt der samoanischen Großfamilie, Träger eines Titels.
Matapule (T)	Adliger oder Häuptling.
Mataqali (F)	Weitverzweigte Großfamilie in Fiji.
Mau o Pule (S)	Nationale Widerstandsbewegung in Samoa in der Kolonialzeit.
Nopele (T)	Im 19. Jh. von König Tupou I. neu ernannte Schicht von Adligen in Tonga.
Punjabi	Einwanderer in Fiji aus dem indischen Bundesstaat Punjab.
Tabua (F)	Walfischzahn, rituelles Tausch- und Prestigeobjekt in Fiji.
Tatauieren (P)	Tätowieren.
Taupou (S)	Dorfjungfrau in Samoa.
Tua (T)	Volk, Klasse der Ranglosen.
Tu'i Tonga (T)	„Priester-König", höchster religiöser Häuptling Tongas. Der letzte Tu'i Tonga starb 1865.
Tupu o Samoa (S)	Bezeichnung für den ranghöchsten Häuptling in Samoa.
Vanua (F)	Land, auch große soziale Gruppe, zugehörig zu einem Territorium.

5. Literatur

a) Empfohlene Literatur

Buchholz, Hanns H. (Hg.): Fischer Länderkunde Australien – Neuseeland – Südpazifik, Frankfurt a. M. 1984.

Freeman, Derek: Liebe ohne Aggression. Margaret Meads Legende von der Friedfertigkeit der Naturvölker, München 1983.

Gabel, Stefan/Regel, Angelika (Hg.): Südpazifische Inseln, Leer 1990.

Geo Special Südsee, Hamburg 1990.

Gizycki, Renate von: Nachbarn in der Südsee. Reiseberichte über Inseln im Pazifik, Frankfurt a. M. 1986.

Hau'ofa, Epeli: Rückkehr durch die Hintertür. Satiren aus Tonga, Nürnberg 1988.
Kreisel, Werner: Die pazifische Inselwelt, Darmstadt 1991.
Krosigk, Friedrich von/Rath, Günter/Leidhold, Wolfgang: Südsee – Inselwelt im Umbruch. Einzelstaatlicher und regionaler Wandel im Südpazifik, Erlangen 1988.
PIY – Pacific Islands Yearbook, Canberra (Australien) 1989.
Ritz, Hans: Die Sehnsucht nach der Südsee. Bericht über einen europäischen Mythos, Göttingen 1983.
Thaman, Konai: Inselfeuer. Gedichte aus Tonga, Nürnberg 1986.
Tischner, H.: Kulturen der Südsee. Einführung in die Völkerkunde Ozeaniens, Hamburg 1958.
Wendt, Albert: Der Clan von Samoa, Wuppertal 1988.
Wilpert, Clara B.: Südsee – Inseln. Völker und Kulturen, Hamburg 1987.
–: Südseesouvenirs, Hamburg 1985.

b) Weitere Literaturhinweise

Ali, Ahmed: Plantations to Politics – Studies on Fiji Indians, Suva (Fiji) 1980.
Ali, Ahmed/Crocombe, Ron (Hg.): Politics in Polynesia, Suva (Fiji) 1983.
Barr, Kevin J.: Poverty in Fiji. Fiji Forum for Justice, Peace and the Integrity of Creation, Suva (Fiji) 1990.
Bellwood, Peter: Man's Conquest of the Pacific, Auckland (Neuseeland) 1978.
–: Frühe Landwirtschaft und die Ausbreitung des Austronesischen. Spektrum der Wissenschaft, September 1991.
Brookfield, C. H. et. al.: Land, Cane and Coconuts, Australian National University, Canberra 1985.
Brown, C.: Economic Development in 7 Pacific Island States. International Monetary Fund, Washington 1989.
Cain, Horst: Aitu. Eine Untersuchung zur autochthonen Religion der Samoaner, Wiesbaden 1979.
Chandra, Rajesh: Urbanization in Fiji, 1966–1976. Demography India, 1+2, 1980.
–: Fiji and the New International Division of Labour: A Study of the Tax Free System, SSED Working Paper No. 11, Suva (Fiji), University of the South Pacific, SSED, 1988.
Conell, John: Island Microstates: The Mirage of Development, in: The Contemporary Pacific – A Journal of Island Affairs –, 3, 2, Center for Pacific Island Studies and University of Hawaii Press, (USA) 1991.
Crocombe, Ron: The South Pacific. 5. und überarbeitete Ausgabe 1989.
– (Hg): Land Tenure in the Pacific. Suva (Fiji) 1977.
Dean, E./Ritova, S.: Rabuka – No Other Way. Suva (Fiji) 1988.
Derrick, R. A.: A History of Fiji, Suva 1974 (Reprint).
Fischer Weltalmanach '92, Dr. Mario von Baratta (Hg.), Frankfurt/Main 1991.

Fossen, Anthony B.: Two Military Coups in Fiji, in: Bulletin of Concerned Asian Scholars, Boulder, (USA) Vol. 19. 4., 1987.
GAIA Der Öko-Atlas unserer Erde, Frankfurt 1985.
Garrett, John: To Live Among the Stars, Genf/Suva (Fiji) 1982.
Gifford, Edward Winslow: Tongan Society, Honolulu 1929, Reprint New York 1971.
Griffin, C./Monsell-Davis, M.: Fijians in Town, Suva (Fiji) 1986.
Haas, Anthony (Hg.): Fiji and its Peoples, Wellington (Neuseeland)+Suva (Fiji) o. J.
Haas, Michael: The Pacific Way, New York 1989.
Hagan, Stephanie: The Party System, the Labour Party and the Plural Society Syndrome in Fiji, in: The Journal of Commonwealth and Comparative Politics, Vol. 25. 2., 1987.
–: Race, Politics, and the Coup in Fiji, in: Bulletin of Concerned Asian Scholars, Boulder, USA Vol. 19. 4., 1987.
Hau'ofa, Epeli: Our Crowded Islands, Suva (Fiji) 1977.
–: The New South Pacific Society: Integration and Independence; in: Hooper, Anthony, et al. (Hg.): Class and Culture in the South Pacific, Auckland (Neuseeland)/ Suva (Fiji) 1987.
Hauser, Jürg A.: Bevölkerungs- und Umweltprobleme in der Dritten Welt, Band 1, Bern/Stuttgart 1990.
Hayes, Geoffrey: Migration, Metascience and Development Policy in Island Polynesia, in: The Contemporary Pacific – A Journal of Island Affairs – 3 (1), Center for Pacific Island Studies and University of Hawaii Press, Hawaii (USA) 1991.
Hölper, Hanneliese: Tourismus in Tonga, Dissertation TH Aachen, Aachen 1986.
IBN – Islands Business Pacific, Monatliches Magazin, Suva (Fiji).
Kerr, G. J. A./Donnelly, T. A.: Fiji in the Pacific. A History and Geography of Fiji, Queensland (Australien) 1969.
Koch, Gerd: Südsee – gestern und heute, Braunschweig 1955.
–: Führungsblatt 74 b, Staatliche Museen Preußischer Kulturbesitz, Museum f. Völkerkunde Berlin-Dahlem, Abt. Südsee, 1972.
KOSMOS – Das Magazin für die Natur, Stuttgart, Mai 1991.
Kraemer, Augustin: Die Samoa Inseln. Entwurf einer Monographie unter besonderer Berücksichtigung Deutsch-Samoas, 2 Bde., Stuttgart 1902–1903.
Larmour, Peter/Qalo, Ropate: Decentralisation in the South Pacific. Local, Provincial and State Government in Twenty Countries, Suva (Fiji) 1985.
Matangi Tonga, Zweimonatliches Magazin, Nuku'alofa (Tonga).
Mayer, Adrian C.: Peasants in the Pacific, London, 2. Ed., 1972.
Mead, Margaret: The Samoans. In: A. P. Vayda (Hg.): Peoples and Cultures of the Pacific. An Anthropological Reader, The National History Press, New York 1968.
Meleisea, Malama/ Schoeffel, Penelope: Western Samoa: „like a slippery fish" In: Crocombe, R./Ali, A. (Hg.): Politics in Polynesia, Suva (Fiji) 1983.

Meleisea, Malama: The Making of Modern Samoa. Traditional Authority and Colonial Administration in the Modern History of Western Samoa, Suva (Fiji) 1987.
Nayacakalou, R. R.: Leadership in Fiji, Oxford University Press, Melbourne (Australien), Institute of Pacific Studies, University of the South Pacific, Suva (Fiji).
Nevermann, Hans: Götter der Südsee, Stuttgart 1947.
Nevermann, H./Worms, E. A./Petri, H.: Die Religionen der Südsee und Australiens, Stuttgart/Berlin/Köln/Mainz 1968.
Overton, John (Hg.): Fiji since the Coups, Spezialausgabe von: Pacific Viewpoint, Vol. 30, No 2, Wellington (Neuseeland) 1989.
PIM – Pacific Islands Monthly, Monatliches Magazin, Suva (Fiji).
Pacific News Bulletin, published for the NFIP Movement by Pacific Concerns Resource Centre, Pacific News Bulletin Office, Petersham, NSW (Australien).
Prasad, Satendra (Hg.): Coup and Crises: Fiji – A Year Later, Victoria (Australia) 1988.
Ralston, Caroline/Thomas, Nicholas: Sanctity and Power. Gender in Polynesian History. Journal of Pacific History, 3+4, 1987.
Ravuvu, Asesela D.: Vaka i Taukei. The Fijian Way of Life, Suva (Fiji) 1983.
–: Development or Dependence. The Pattern of Change in a Fijian Village, Suva (Fiji) 1988.
Rutherford, Noel (Hg.): Friendly Islands. A History of Tonga, Oxford 1977.
Scarr, Deryck: Fiji – The Politics of Illusion, Kensington, (Australien) 1988.
Singh, Gajraj: The Sikhs of Fiji, Suva (Fiji) o. J.
Sunia I./Fofo F.: American Samoa: Fa'a Amerika? In: Crocombe, R./Ali, A. (Hg.): Politics in Polynesia, Suva (Fiji) 1983.
Tupouniua, Penisimani: A Polynesian Village, Suva (Fiji) 1977.
Ward, Gerald: Land and Land Availability. In: Brookfield, H. C.: Land, Cane and Coconuts, 1985.
Wiemer, Hans-Jürgen: Agrarstruktur in Tonga, Dissertation TH Aachen, Göttingen 1985.
Williksen-Bakker, Solrun: To Do and To Be. Ceremonial Exchange under Urban Circumstances in Fiji. MA Thesis in Social Anthropology, University of Oslo 1984.

6. Register

Zur Bedeutung der autochthonen Begriffe siehe Glossar S. 145 f. (F) Fiji, (S) Samoa, (T) Tonga

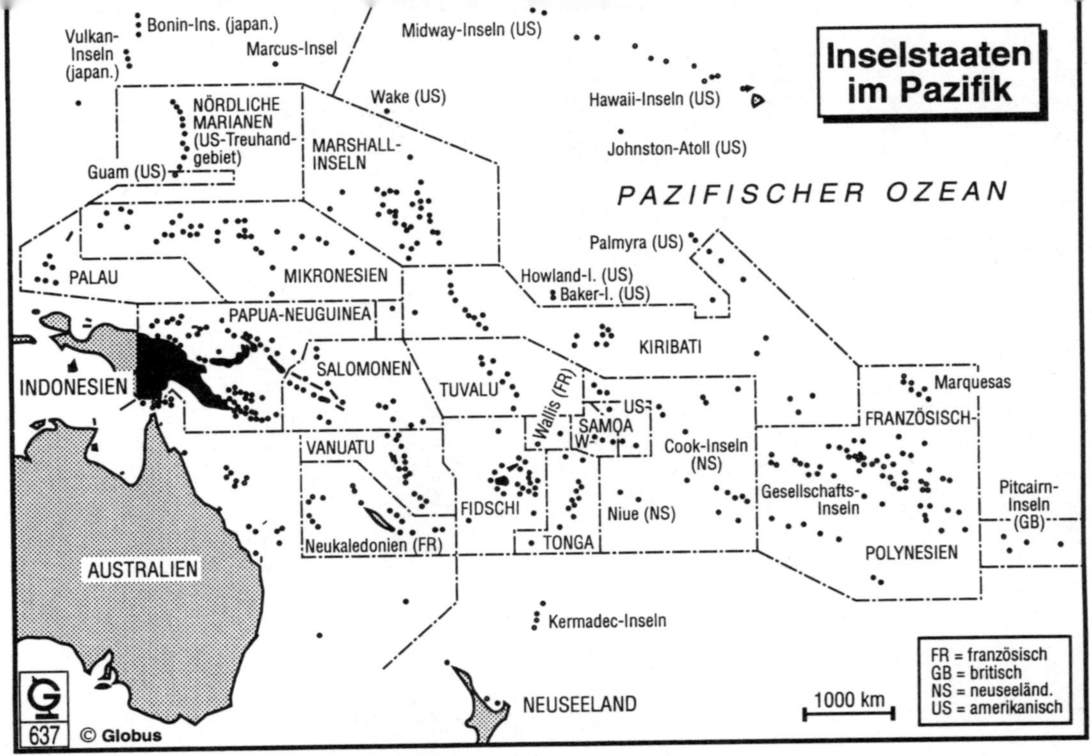

Karte 1: Die Inselstaaten im Pazifik (Fidschi=Fiji)

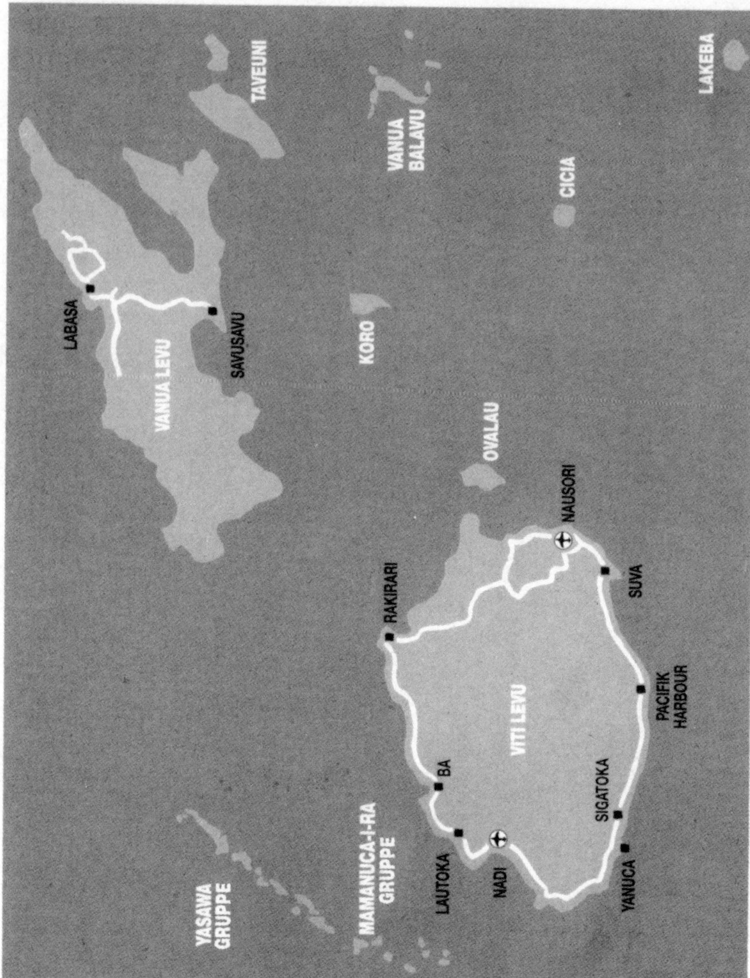
LABASA
VANUA LEVU
SAVUSAVU
TAVEUNI
KORO
VANUA BALAVU
CICIA
LAKEBA
OVALAU
NAUSORI
RAKIRARI
SUVA
VITI LEVU
PACIFIK HARBOUR
BA
SIGATOKA
YASAWA GRUPPE
MAMANUCA-I-RA GRUPPE
LAUTOKA
NADI
YANUCA

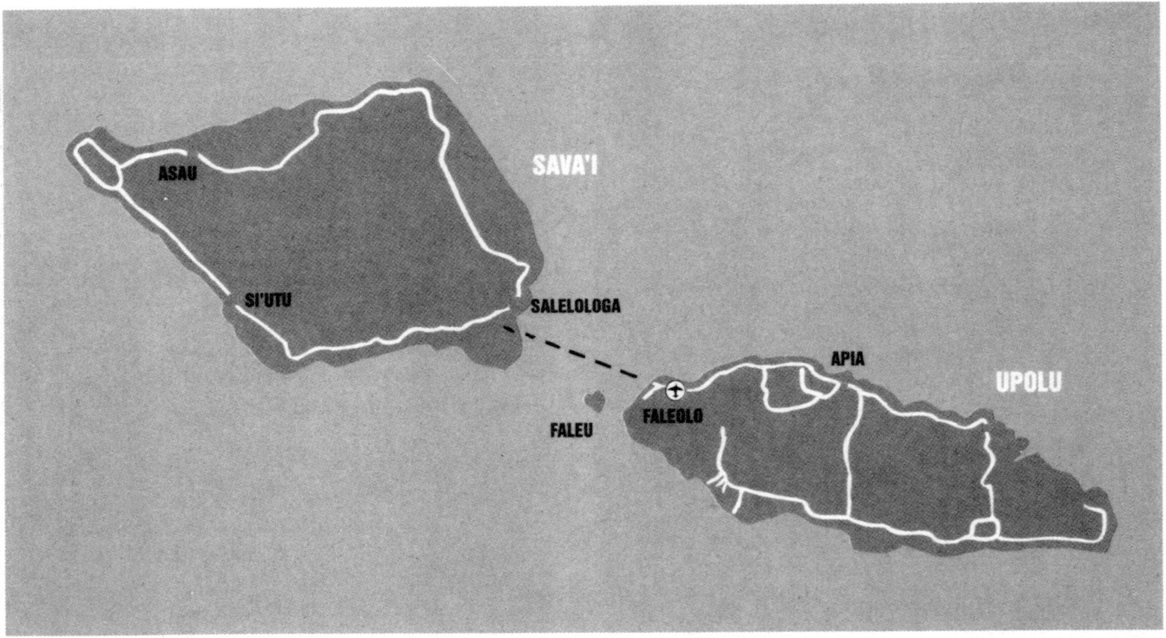

Karte 3: West-Samoa (South Pacific Islands Travel Manual)

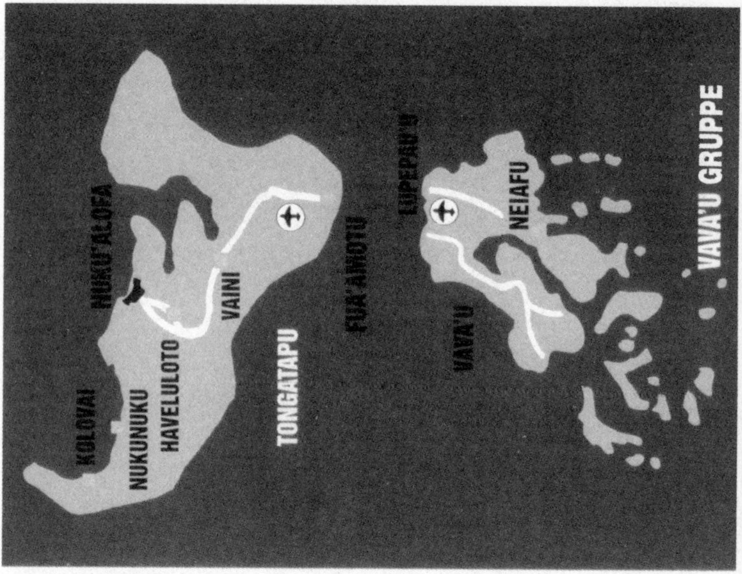
KOLOVAI
NUKUNUKU
HAVELULOTO
NUKU'ALOFA
VAINI
TONGATAPU
FUA'AMOTU
LUPEPAU'U
VAVA'U
NEIAFU
VAVA'U GRUPPE

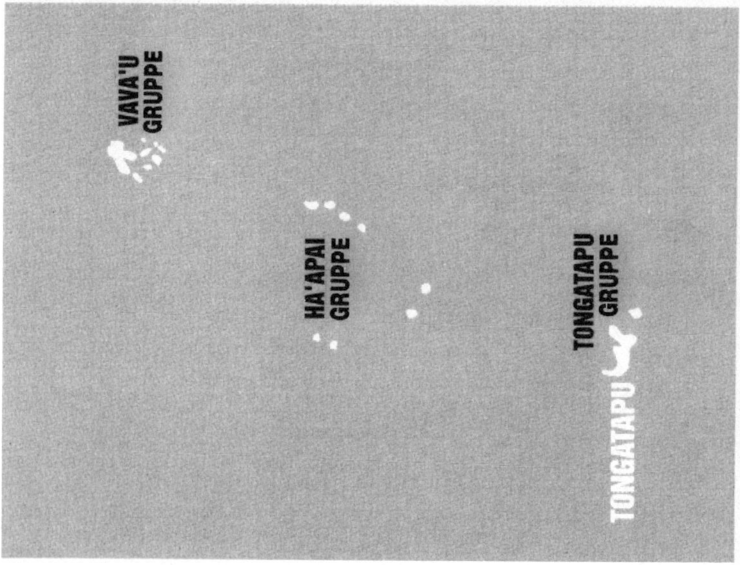
VAVA'U GRUPPE
HA'APAI GRUPPE
TONGATAPU GRUPPE
TONGATAPU

Länder und Städte in der Beck'schen Reihe

Politisches Lexikon Afrika, hrsg. von R. Hofmeier/ M. Schönborn (BsR 810)
Ägypten, von F. Büttner/I. Klostermeier (BsR 842)
Äthiopien, Eritrea, Somalia, Djibouti. Das Horn von Afrika, von V. Matthies (BsR 846)
Algerien s. Maghreb
Politisches Lexikon Asien, Australien, Pazifik, hrsg. von W. Draguhn/R. Hofmeier/M. Schönborn (BsR 827)
Baltikum: Estland, Lettland, Litauen, von K. Ludwig (BsR 841)
Belgien, von J. Schilling/R. Täubrich (BsR 829)
Berlin, von E. S. Freyermuth/G. S. Freyermuth (BsR 490)
Bhutan, von H. Wilhelmy (BsR 830)
Bolivien, von T. Pampuch/A. Echalar A. (BsR 813)
Brasilien, von M. Wöhlcke (BsR 804)
Brüssel, von M. Döpfner (BsR 1007)
China, von O. Weggel (BsR 807)
Cypern, von K. Hillenbrand (BsR 837)
Djibouti s. Äthiopien
Kleines England-Lexikon, von P. Fischer/G. P. Burwell (BsR 814)
Eritrea s. Äthiopien
Estland s. Baltikum
Fiji, Samoa, Tonga, von S. Bruno/A. Schade (BsR 854)
Finnland, von W. Albrecht/M. Kantola (BsR 847)
Frankreich, hrsg. von G. Haensch/H. J. Tümmers (BsR 831)
Kleines Frankreich-Lexikon, von G. Haensch/P. Fischer (BsR 802)
Großbritannien, von H. Händel/I. Friebel (BsR 835)
Politisches Lexikon GUS, von R. Götz/U. Halbach (BsR 852)
Hongkong s. *Taiwan*
Horn von Afrika s. Äthiopien
Indien, von K. Gräfin v. Schwerin (BsR 820)
Indochina, von O. Weggel (BsR 809)
Irland, von M. P. Tieger (BsR 801)
Italien, von C. Chiellino/F. Marchio/G. Rongoni (BsR 821)
Kleines Italien-Lexikon, von C. Chiellino (BsR 819)
Japan, von M. Pohl (BsR 836)

Jugoslawien, von C. v. Kohl (BsR 832)
Kenia, von H. Hecklau (BsR 853)
Korea, von H. W. Maull/I. M. Maull (BsR 812)
Politisches Lexikon Lateinamerika, hrsg. von P. Waldmann/H.-W. Krumwiede (BsR 845)
Lettland s. Baltikum
Litauen s. Baltikum
Madrid, von J. Oehrlein (BsR 1008)
Maghreb: Marokko, Algerien, Tunesien, von W. Herzog (BsR 834)
Marokko s. Maghreb
Politisches Lexikon Nahost/Nordafrika, hrsg. von U. Steinbach/R. Hofmeier/M. Schönborn (BsR 850)
Nepal, von W. Donner (BsR 833)
Neuseeland, von A. Hüttermann (BsR 844)
New York, von G. M. Freisinger (BsR 422)
Niederlande, von J. Schilling/R. Täubrich (BsR 817)
Nigeria, von H. Bergstresser/S. Pohly-Bergstresser (BsR 839)
Nordafrika s. Nahost
Norwegen, von G. Austrup/U. Quack (BsR 828)
Kleines Österreich-Lexikon, von S. Gassner/W. Simonitsch (BsR 815)
Peru, von E. v. Oertzen (BsR 822)
Philippinen, von R. Hanisch (BsR 816)
Portugal, von G. und A. Decker (BsR 806)
Samoa s. Fiji
Schweden, von G. Austrup (BsR 818)
Schweiz, von M. Schwander (BsR 840)
Somalia s. Äthiopien
Sowjetunion 1 und 2, von W. Feichtner/B. Seyr (BsR 245/246)
Spanien, von W. Herzog (BsR 811)
Kleines Spanien-Lexikon, von G. Haensch/G. Haberkamp de Antón (BsR 825)
Taiwan/Hongkong, von O. Weggel (BsR 849)
Tibet, von K. Ludwig (BsR 824)
Tonga s. Fiji
Tunesien s. Maghreb
Türkei, von F. Şen (BsR 803)
Kleines Türkei-Lexikon, von K. Kreiser (BsR 838)
USA, von R. Rode (BsR 843)
Kleines USA-Lexikon, von J. Redling (BsR 826)